O SER FRAGMENTADO

ANSELM GRÜN

O SER FRAGMENTADO
Da cisão à integração

DIREÇÃO EDITORIAL:
Marlos Aurélio

COMISSÃO EDITORIAL:
Avelino Grassi
Fábio E. R. Silva
Márcio Fabri dos Anjos
Mauro Vilela

TRADUÇÃO:
Inês Antonia Lohbauer

COPIDESQUE:
Mônica Guimarães Reis

REVISÃO:
Elizabeth dos Santos Reis

DIAGRAMAÇÃO:
Alex Luis Siqueira Santos

CAPA:
Marco Mancen

TÍTULO ORIGINAL: *Zerrissenheit – Vom Zwiespalt zur Ganzheit*
© Vier-Türme GmbH, D-97359

ISBN: 3-87868-614-5

Todos os direitos em língua portuguesa, para o Brasil,
reservados à Editora Ideias & Letras, 2021.

12ª impressão.

EDITORA
**IDEIAS &
LETRAS**

Avenida São Gabriel, 495
Conjunto 42 - 4º andar
Jardim Paulista – São Paulo/SP
Cep: 01435-001
Editorial: (11) 3862-4831
Televendas: 0800 777 6004
vendas@ideiaseletras.com.br
www.ideiaseletras.com.br

**Dados Internacionais de Catalogação na Publicação (CIP)
(Câmara Brasileira do Livro, SP, Brasil)**

O ser fragmentado: da cisão à integração / Grün, Anselm (Tradução:
Inês Antonia Lohbauer) Aparecida-SP: Ideias & Letras, 2004.
(Mais vida)

Título original: *Zerrissenheit: vom Zwiespalt zur Ganzheit*
Bibliografia.
ISBN: 978-85-98239-25-9

1. Ontologia 2. Seres humanos – Ensino bíblico 3. Uno (O Uno na
filosofia) I. Título. II. Série.

04-6888   CDD-111.82

Índices para catálogo sistemático:
1. Unidade : Ontologia : Filosofia 111.82

Índice

Introdução 7

I. A filosofia do "uno" 13
   1. Seja inteiro! 15
   2. Quem sou eu? 16

II. Fragmentação demoníaca 19
   1. Puxado de um lado a outro 19
   2. O papel de trazer a morte 22
   3. O grito mudo 29

III. Eu faço o que quero (Romanos 7, 14-25) 37
   1. Lei e graça 38
   2. Duas personalidades do eu 40
   3. A visão sobre Cristo 42

IV. A fragmentação no monacato 47
   1. A akedia 47
   2. O ficar-consigo-mesmo 49

V. A polaridade do ser humano, segundo C.G. Jung 53
   1. Levar o ser humano a sua totalidade 54
   2. Assumir os opostos 56
   3. Integrar os opostos 59

VI. A integração da sombra 63
1. Amar o lado da sombra 63
2. Reforçar os sintomas 64
3. Comer a sombra 65
4. Dialogar 66
5. Dar expressão à voz interior 68
6. O idealismo e seu lado de sombra 69
7. A sombra "religiosa" 70

VII. Ser uno, como Jesus com o Pai (João 17) 75
1. Descer às próprias profundezas 75
2. Cristo em nós 76
3. O amor leva à unidade 77

VIII. A resposta da mística da unidade 81
1. A experiência de ser uno 81
2. Mestre Eckhart 83
3. A mística da unidade no cotidiano 85

IX. Unidade na comunidade (Efésios 4, 1-6) 89
1. Quatro posturas 90
2. Problemas de relacionamento 92
3. A parceria como um caminho conjunto de aprendizado 93
4. Su-portar-se mutuamente 98

Conclusão 101

Bibliografia 103

Introdução

Um sentimento básico de nossa época parece-me ser a fragmentação. Muitas pessoas sentem-se internamente fragmentadas. Elas têm a impressão de serem puxadas de um lado a outro pelas muitas exigências impostas a elas, na profissão, na família, no sacerdócio, na comunidade política. Muitas vezes elas não sabem que papel representam. Trocam-no tantas vezes que nem sabem mais quem são verdadeiramente. Não têm mais tranquilidade interior. Quando voltam do trabalho, à noite, não conseguem desligar-se. A intranquilidade persegue-as até no sono. Em toda essa atividade infatigável elas não estão consigo mesmas. Não estão em contato com seu "eu" verdadeiro. São empurradas de um compromisso a outro. Sua alma não as acompanha mais. Não está onde o corpo precisa estar, para cumprir todas as suas obrigações.

Uma antiga história monacal fala dessa fragmentação: "O patriarca Poimen perguntou ao patriarca José: 'Diga-me como poderei tornar-me monge?' Ele respondeu: 'Se você quer encontrar a paz, em todos os lugares, então diga, em todas as suas ações: Eu – quem sou eu? E não julgue ninguém!'"

A palavra grega que designa monge, "monachos", às vezes é derivada de "monas = unidade, ser uno". Um homem jovem sente-se fragmentado. Ele quer voltar para si mesmo, para sua unidade, e encontrar a paz. Ele quer estar consigo mesmo, em todos os lugares. Poimen o aconselha a perguntar, em tudo o que fizer: "Eu – quem sou eu?" E procurar sua verdadeira identidade.

Quem é esse, que está agindo assim? Será que há apenas uma parte de mim no trabalho? Será que estou envolvido por inteiro? Há uma parte de mim em outro lugar? Na verdade, a pergunta de Poimen é a seguinte: "Como posso ser inteiro?" Como posso estar por inteiro naquilo que faço? Como posso viver como uma pessoa inteira, que sempre e em todos os lugares é una consigo mesma? Como posso encontrar minha unidade nas muitas coisas que faço e que muitas vezes me fragmentam? Além dessas perguntas, que se dirigem ao "eu" verdadeiro, passando pelos muitos papéis que representamos e pelas muitas máscaras que usamos, Poimen ainda exige que o jovem não julgue ninguém. Quando julgo, não estou comigo mesmo, mas com o outro. Por meio do julgamento que faço dos outros, desvio-me de mim mesmo. Poimen quer levar o interpelante a ficar com ele mesmo. Só assim ele descobrirá quem é na verdade. Só assim ele encontrará o caminho para sua unidade, para seu ser inteiro. Só assim ele será um monge.

Muitos sentem-se fragmentados porque descobrem em si facetas que não combinam com sua autoimagem. Assustam-se diante de suas fantasias sádicas, de seus desejos masoquistas e de suas tendências destrutivas. Não sabem como reagir adequadamente a suas facetas obscuras, se devem reprimi-las e abafá-las ou simplesmente fugir delas. Cito aqui como exemplo mais uma história, um conto dos Irmãos Grimm:

"Era uma vez uma criancinha que todas as tardes recebia da mãe uma tigelinha com leite e flocos, e sentava-se no quintal para fazer a refeição. Quando, porém, começava a comer, o sapo da casa esgueirava-se para fora de uma fenda no muro, enfiava a cabecinha no leite e comia junto com ela. A criança sentia muito prazer com isso, e quando se sentava ali e o sapo demorava a chegar, ela o chamava assim:

Sapo, sapo, venha depressa
Venha para cá, sua coisinha pequena
Venha comer seus flocos
E saborear o leite.

Então o sapo vinha correndo e se deleitava. Mostrava-se também muito grato, pois trazia diversas coisas bonitas de seu tesouro secreto, pedras brilhantes, pérolas e brinquedinhos dourados. Mas o sapo bebia apenas o leite, e deixava os flocos. Então uma vez a criança pegou sua colherzinha, bateu de leve com ela na cabeça do sapo e disse: 'Sua coisa, coma também os flocos'. A mãe, que estava na cozinha, ouviu que a criança falava com alguém, e quando viu que a filha batia no sapo com a colherzinha, correu para fora com um pedaço de pau e matou o bom animal. Dali em diante operou-se uma transformação. Enquanto o sapo participava de sua refeição, a criança tornava-se grande e forte, mas agora ela perdera suas faces coradas e emagrecia. Não se passou muito tempo para que o pássaro da morte começasse a emitir seu grito à noite, e o pintarroxo a coletar gravetos e folhas para fazer uma coroa; logo depois a criança foi levada embora num caixão".

Cada um de nós leva consigo um sapo, que mora nas fendas do muro. Ele responde por nossa sombra, pelas facetas obscuras às quais dificilmente temos acesso, que são muito desagradáveis e nos amedrontam. Enquanto deixamos espaço para a sombra e permitimos que o sapo beba de nosso leite, sentimo-nos bem. Damos e recebemos todo tipo de tesouro. Mas quando a mãe em nosso interior, o "eu" materno internalizado, mata o sapo que há dentro de nós, então definhamos. Só uma parte dentro de nós ainda consegue viver. Mas ela também vai perdendo sua vitalidade, suas faces coradas. E morre gradualmente. De medo da própria sombra, do lodaçal que há nela, do batráquio que fica se movendo ali.

Muitas pessoas matam seu sapo, que lhes faz companhia em todos os lugares. Elas não querem ser vistas com um animal tão feio. Mas com isso cortam um pedaço da própria raiz. Como querem secar o lodaçal, o que acaba secando é sua própria alma, e elas mesmas acabam ressecadas. Só podemos superar a fragmentação em nós quando lidamos amigavelmente com o sapo que existe em nosso interior, quando nos reconciliamos com nossa sombra, com nossas partes não vividas, com nossas fendas no muro, das quais surgem as facetas animalescas. Um outro campo em que as pessoas hoje se sentem puxadas para cá e para lá, é o dos relacionamentos. Um menino sente-se puxado para cá e para lá entre seu pai e sua mãe. Ambos querem puxá-lo para si, cada um para seu lado, e usá-lo para os próprios propósitos. Ele ama ambos. Mas a mãe quer que ele odeie o pai. Seus sentimentos ficam totalmente confusos. Seu amor o deixa fragmentado. Uma menina ama o pai, que é constantemente recriminado pela mãe que o apresenta como exemplo de comportamento imoral. Ela fica perdida e não sabe o que fazer com seus sentimentos, com seu amor. Está dividida entre o amor pelo pai e o desejo de ser compreendida e aceita pela mãe. Outros sentem-se divididos em uma amizade ou em um casamento. Um homem jovem está apaixonado por uma mulher. Mas ele percebe que a relação não está correta. Sabe que precisa encerrá-la, mas não consegue libertar-se dela. Uma mulher ama dois homens ao mesmo tempo e não consegue decidir-se. Sente-se cada vez mais dividida e fragmentada. Quer ser justa com os dois, e finalmente senta-se entre duas cadeiras, dividida em duas e dilacerada.

Essas experiências, que aqui só foram mencionadas, não são novas. Desde tempos imemoriais os sábios de muitos povos já se preocupavam com tudo isso. Os gregos desenvolveram sua filosofia do ser uno, o *to hen*, para dar uma resposta ao sofrimento da fragmentação. A Bíblia descreve a pessoa em sua fragmentação entre o bem e o mal, entre o pecado e a vontade de Deus. Os monges conheceram o fenômeno da fragmentação. A psicologia também sempre considerou esse fenômeno e mostrou caminhos para lidar com ele. Ela nos mostra como todo polo dentro de nós possui um polo contrário, como cada faceta luminosa leva consigo também sua sombra. Muitas pessoas recusam-se a encarar seu lado sombrio, e assim são dominadas por ele. Elas vivem numa cisão constante. Neste pequeno texto pretendo traduzir as respostas apresentadas pela tradição para a situação do homem de hoje, na esperança de que alguns leitores descubram caminhos para sair da fragmentação e chegar à unidade, da cisão à "integração", da dispersão à junção, do desequilíbrio à placidez.

I. A filosofia do "uno"

Aparentemente os gregos sofriam muito com a fragmentação. Sentiam-se puxados de um lado a outro, entre espírito e instinto, entre céu e terra, entre os opostos que constataram existirem no coração humano. Os primeiros filósofos gregos, Parmênides e Heráclito, já responderam à angústia da fragmentação e desenvolveram uma filosofia do uno (*to hen*). Heráclito considerava o uno como a união dos opostos. É dele a famosa frase: "A guerra é a geradora de todas as coisas". O oposto, que Heráclito reconhece no homem e no mundo, surgiu a partir de uma unidade. E essa base única do diverso e do oposto é o *logos*. Ele é "a imanente e invisível harmonia de todo ser, que faz o incompatível compatibilizar-se com ele" (RAC, p. 447). O *logos* é a fusão dos opostos.

Platão também assume de Heráclito a questão fundamental de como o uno e o diverso podem ser pensados em conjunto. Para ele a tarefa da filosofia consiste em fazer com que a diversidade que está dispersa, o aparentemente não relacionado, estabeleçam uma relação, na medida em que reconhecem no todo a ideia subjacente (RAC, p. 448s).

No neoplatonismo, como formulado sobretudo por Plotino, a questão do relacionamento entre a unidade e a diversidade é o tema dominante (RAC, p. 454). O "uno em si" é na verdade Deus. E em sua fragmentação e cisão, o homem empenha-se durante toda a vida em alcançar o uno, em se tornar semelhante ao uno (Deus). Como Deus nos criou a sua imagem e semelhança, podemos voltar-nos ao uno e com o Deus uno tornarmo-nos um só. Essa é a maior honra para o homem, tornar-se um só com Deus, e nessa união libertar-se de sua dualidade e de sua fragmentação.

O filósofo judeu Filo de Alexandria tentou ligar a filosofia grega do *to hen* com a Bíblia. Ele interpreta o preceito central da crença judaica por meio dos conceitos da filosofia grega: "Ouça, Israel! Javé é nosso Deus, Javé é único" (Dt 6, 4). A crença judaica no Deus único é para ele a confirmação de que Deus é um só (*heis*), o único (*monos*); de que Deus representa uma unidade (*monas*) e é simples em si, sem mistura (*haplous*). Esse último conceito do *haplous* desdobra a filosofia do *to hen* em uma nova compreensão do ser humano. *Haplotes* quer dizer simplicidade. O homem "simples" reflete a unidade de Deus aqui neste mundo. Encontramos muita dificuldade hoje com esse conceito de "simplicidade". Entre nós ele possui muito mais o significado de simplório, singelo, de pouca habilidade. Platão liga o conceito da simplicidade à sinceridade, à franqueza.

Os clássicos alemães, como por exemplo Hölderlin, ainda demonstram uma preferência pela palavra simplicidade. A Stoa ama a palavra *haplotes*. Para ela essa palavra significa naturalidade, ausência de hipocrisia. Nisso se inclui a rejeição a tudo o que é artificial e inautêntico. Os latinos traduzem *haplotes* por "simplicitas". O homem simples é ao mesmo tempo a pessoa autêntica, sincera, aberta, justa, boa e confiável. Para o filósofo imperador, Marco Aurélio, a simplicidade é uma grande virtude. Ele quer ter uma vida simples. Recomenda a si mesmo: "Não deixe nenhuma perturbação aflorar dentro de si, torne-se simples!" (*Haploson seauton*) (RAC, p. 824).

1. Seja inteiro!

A Septuaginta traduz a palavra hebraica "tham" por simples ou singelo. Na verdade "tham" quer dizer "inteiro, completo". O homem deve transformar-se diante de Deus e ser inteiro (veja Gn 17,1). Para o homem bíblico "ser inteiro" é uma exigência importante. O homem torna-se inteiro quando não é mais fragmentado em suas contradições, mas quando diante de Deus traz a uma unidade tudo o que há dentro dele, quando se torna simples. Portanto, a pessoa simples é aquela que é inteira, que integra tudo o que há dentro dela e direciona-o a Deus. No sermão da montanha Jesus fala da visão, que é *haplous*: "Quando tua visão é sadia (*haplous*) todo o teu corpo será claro" (Mt 6, 22). O oposto da visão simples é a visão malévola, determinada por intrigas. Jesus exige de seus discípulos a doação total à vontade de Deus. Com isso eles devem diferenciar-se da "cisão e da dualidade" dos fariseus (RAC, p. 829).

A unidade e o ser uno de Deus encontram sua adequada expressão na simplicidade do homem. Ela reflete a franqueza do homem, que se torna completamente transparente para Deus. Tudo nele, seus erros e suas fraquezas, são transparentes para Deus. Essa transparência elimina sua fragmentação. Nada no homem se furta à luz de Deus. Tudo se torna um prisma, que pode iluminar este mundo através da luz de Deus. É assim que o Novo Testamento descreve a simplicidade do homem, com outras palavras.

O homem simples é aquele que é puro, claro e franco como uma criança. Assim Paulo se dirige aos filipenses: "Fazei tudo sem queixas nem premeditações, para que sejais puros e irrepreensíveis, filhos de Deus sem mácula dentre uma geração perturbada e depravada, no meio da qual sereis como a luz que ilumina o mundo" (Fl 2, p. 14s). Aquele que se tornou uno consigo mesmo, que participa da unidade de Deus, torna-se simples, singelo, e ilumina este mundo com uma luz muito límpida.

2. Quem sou eu?

O que moveu a filosofia grega, desde o início, foi a oposição entre a multiplicidade e a unidade. Não só a experiência da fragmentação e da oposição interna parecem não ter nenhuma relação, mas também a da multiplicidade. Dentro de nós há muitas coisas que estão lado a lado, e parecem não formar uma unidade.

Nós nos vivenciamos sempre de forma diferente. Às vezes nos sentimos bem, logo depois estamos novamente tristes. E muitas vezes nem sabemos de onde isso vem. Sentimo-nos plenos de gratidão, e no momento seguinte a raiva e o aborrecimento nos acometem, também sem aviso prévio. Ambos os sentimentos, gratidão e aborrecimento, parecem não ter nada a ver um com o outro. Eles estão lado a lado. Achamos que a gratidão nos preenche e nos acompanha o dia inteiro. Mas sem percebermos, de repente o aborrecimento nos invade. Ou então achamos que finalmente conseguimos ter confiança na vida, em nós mesmos, em Deus. E já no instante seguinte sentimos muito medo. Sentimos de repente um medo insondável da doença e da morte. Temos medo de não conseguir sobreviver ao dia de hoje.

Nesse instante achamos que toda a confiança se esvai. Achamos que nossa confiança foi apenas uma simples ilusão, que só imaginamos tudo aquilo. Não conseguimos interligar as duas experiências, de confiança e de medo, de crença e dúvida, de esperança e desesperança. Elas estão lado a lado, de forma díspar, e nos assustam muito. Essa multiplicidade que está em nós, sem inter-relacionar-se, coloca-nos a questão de quem realmente somos. Somos aqueles que podem confiar, aqueles que estão com muito medo, ou somos ambos? Qual é a essência que mantém tudo interligado? Para os gregos a ideia de ser uno, do *to hen*, era o caminho para se alcançar a unidade a partir da multiplicidade, o caminho que ia da experiência do lado a lado sem interligações até o ponto que congrega tudo.

É a pergunta que Dietrich Bonhoeffer fez em seu famoso poema: "Quem sou eu". Seus preceptores dizem que ele é um homem forte e livre, que não se deixa tentar por nada. Mas ele mesmo sente-se amedrontado e inseguro. Finalmente ele deixa que o próprio Deus responda. Só Deus sabe quem ele é realmente. Como um ser uno, Deus também é aquela certeza que, em nossa multiplicidade, indica a profunda unidade que há em nós. Como fazemos parte do ser uno que é Deus, no meio de nossa confusão interna encontramos o ser uno que está conosco. Na filosofia grega coloca-se a seguinte questão: simplesmente nos desmanchamos em diversas partes desligadas umas das outras, somos feitos de diversas partes que estão lado a lado, como as peças de uma máquina, ou existe em nós uma unidade interna? A filosofia entendeu que a alma é que integra tudo. A alma aglutina o corpo. Ela permeia o corpo e o anima. Inversamente, tudo o que se mostra no corpo é expressão de nossa alma e volta a exercer um efeito nela. Até mesmo em nossa alma, no entanto, não nos sentimos sempre unos. Essa unidade deve ser mais profunda. Finalmente só a encontramos em Deus.

Em nossa época, Romano Guardini resgatou a filosofia grega do *to hen* para sua filosofia dos opostos, e deu continuidade a ela. Para Guardini tudo o que é vivo aparece sob a forma de opostos. Existe a oposição de dinâmica e estática, de vazio e cheio, de totalidade e unidade, originalidade e regra, imanência e transcendência, interligação e separação. Guardini entende os opostos como: "dois momentos em que cada um, em relação ao outro, é não separável, não transferível, não misturável, mas ligados entre si de forma inexorável, e só compreensíveis quando misturados" (Guardini, p. 42). Tudo o que é material, concreto, e está vivo, sempre se mostra nos opostos. A vida tem sempre dois lados. Mas ao mesmo tempo ela é uma unidade, uma "unidade que só é possível desse modo, contraditória" (idem, p. 103). A solução não é separar os opostos, mas manter a pressão interna. Só então poderemos vivenciar-nos em nossa contradição e ao mesmo tempo como unidade.

Com sua filosofia dos opostos, Guardini estabeleceu os fundamentos de sua espiritualidade, que faz justiça ao homem, que o coloca na dimensão planejada por Deus. Uma espiritualidade que nega os opostos e só vivencia um único polo, fragmenta e divide o ser humano. E assim ela não o leva a Deus, mas à divisão, e com isso à doença.

II. Fragmentação demoníaca

No Evangelho de Marcos a fragmentação do ser humano é descrita como a dilaceração do ser que é puxado de um lado a outro pelos demônios. Esses demônios são imagens de forças internas e externas que dilaceram o ser humano. Os demônios podem ser coatores, que nos coagem a fazer algo que não queremos fazer. Os demônios podem ser espíritos sombrios, emoções que enuviam nossos pensamentos, que colocam nossos pensamentos contra nossos sentimentos. Os demônios também podem ser espíritos do mundo, imagens para os padrões de pensamento da sociedade, que nos mantêm presos. Marcos descreve sempre como os demônios dilaceram o ser humano, puxando-o de um lado a outro. Quando Jesus cura as pessoas, liberta-as do poder dos demônios, guiando-as para seu verdadeiro eu, possibilitando-lhes que sejam novamente unas e inteiras. Por isso quero apresentar, do ponto de vista psicológico profundo, três histórias de cura do Evangelho de Marcos, para que possamos encontrar-nos em Jesus Cristo novamente e ao mesmo tempo ter esperanças de que hoje também ele possa curar nossa fragmentação.

1. Puxado de um lado a outro

Na primeira história de cura (Mc 1, 23-28) Jesus exorta o demônio a sair do homem. "O espírito impuro puxou o homem de um lado a outro e o abandonou com fortes gritos"

(Mc 1, 26). A palavra grega "sparasso" quer dizer: puxar, rasgar, esfolar, dilacerar, arrancar os cabelos. É um espírito impuro, que nos fragmenta, nos dilacera, e nos puxa de um lado a outro. Esse espírito impuro enuvia nossos pensamentos. Para Marcos esses espíritos impuros não são tão inofensivos. Eles nos dominam e nos roubam a liberdade. Não nos deixam decidir livremente aonde queremos ir. Eles nos enviam para um lado, depois para outro, e não nos deixam encontrar nosso centro. Provavelmente o homem nem sabia que tinha um espírito impuro. Só quando Jesus falou com todo o seu poder, quando falou de Deus, tornando a realidade de Deus uma experiência palpável por meio de suas palavras, é que o espírito impuro foi puxado para a luz. Então ele não pôde mais se esconder atrás da fachada desse homem. Passamos frequentemente por essa experiência. Adaptamo-nos a nossos pensamentos. Achamos que estamos corretamente posicionados, até que de repente uma palavra nos atinge. Não podemos mais nos esquivar. Precisamos posicionar-nos.

O espírito impuro inicia uma luta de poder contra Jesus. Ele grita: "O que temos a ver com você, Jesus de Nazaré? Você veio para nos atirar na perdição? Eu sei quem você é: o Santo de Deus" (Mc 1, 24). Existem pessoas prejudicadas pela terapia. Racionalmente elas conseguem dizer exatamente o que lhes falta. Vão de um terapeuta a outro e contam a cada um deles a história de seus sofrimentos. Conseguem dar nomes a seus complexos. Mas, com todo esse seu conhecimento, afastam todos os que possam questioná-los. Não querem mudar nada, querem apenas falar com desenvoltura sobre a própria doença. Na medida em que dão um nome a sua doença, elas acham que adquirem poder sobre ela. Na medida em que explicam o comportamento do terapeuta e decidem exatamente como ele deve comportar-se, elas querem obter o poder sobre ele e pressioná-lo para dentro de um determinado papel, para que ele não perturbe seu modo de pensar. Quando um terapeuta aceita esse papel, a terapia está fadada ao fracasso. Jesus não permite que esse papel lhe seja imposto. Ele exorta o espírito impuro, com pleno poder: "Cala-te e abandona-o!" (Mc 1, 25). Jesus vê através das artimanhas do espírito impuro. Não discute com ele, pois isso não levaria a nada. Exorta-o a se calar. O silêncio rouba-lhe o poder.

Quando o doente não pode mais se esconder por trás de suas palavras astutas, é obrigado a se conformar com a realidade. E Jesus sabe diferenciar entre o homem e sua doença, entre o homem e o espírito sombrio, que o impede de pensar e decidir livremente sobre si mesmo. Ele o exorta: "Abandona-o" ou "sai dele", como na verdade se diz em grego. O demônio precisa sair do homem, para que este possa novamente ser ele mesmo, inteiramente.

A possessão é um tipo funesto de unidade. Nesse caso Jesus precisa eliminar a unidade, separar o homem do demônio, que se apega a seu fascínio. É como uma luta pelo poder, que ocorre entre Jesus e o espírito impuro. O espírito impuro precisa render-se. Mas ele continua a puxar o homem de um lado a outro. Só então ele sai, com uma grande gritaria. Às vezes precisamos jogar para fora, com uma grande gritaria, tudo aquilo que nos feriu profundamente e nos bloqueia o pensamento e a ação. Precisamos gritar para expulsar a raiva reprimida, para que ela não possa mais aninhar-se dentro de nós e nos paralisar. Precisamos gritar para expulsar o medo que nos persegue desde a infância. Precisamos finalmente ousar dar os gritos de dor que nos foram proibidos por tanto tempo. Então ficaremos livres. Então poderemos respirar na proximidade de Jesus e nos erguer.

2. O papel de trazer a morte

Em Marcos 9 um pai traz seu filho possuído pelo demônio para que Jesus o cure. Nesse caso provavelmente a possessão tem a ver com o relacionamento entre pai e filho. Por isso podemos apresentar essa história no contexto dos inúmeros problemas de relacionamento, que nos fragmentam internamente. Não podemos atribuir a fragmentação que sentimos apenas aos outros, como se só o pai ou a mãe ou o cônjuge nos puxasse de um lado a outro. É sempre um espírito impuro que nos fragmenta. É um espírito turvo que nos liga inconscientemente ao outro. Poderíamos dizer que é o espírito da projeção. Projetamos nossos problemas sobre o outro e por isso não conseguimos nos libertar dele. O pai que prende seu filho é dominado por um espírito impuro desse tipo. Ele usa o filho para seus próprios objetivos. Não tem clareza de seu relacionamento pai-filho. Na verdade o espírito de sua própria inferioridade turva seu relacionamento com o filho.

Novamente Marcos descreve a ação do demônio nessa história como puxar alguém de um lado a outro. O próprio pai relata a Jesus o que o demônio faz com o filho: "Sempre que o espírito o ataca, atira-o no chão, e meu filho solta espuma pela boca, range os dentes e fica paralisado" (Mc 9, 18). E quando o filho é levado até Jesus, o demônio puxa o menino de um lado a outro. Então surge novamente a palavra "sparasso". E quando Jesus exorta o espírito maligno a sair, a frase clássica para a ação do demônio pode ser usada de novo: "O espírito puxou o menino de um lado a outro e abandonou-o com uma forte gritaria" (Mc 9, 26).

Quando analisamos essa cena em mais detalhes, podemos ver no que consiste a fragmentação do jovem e qual poderia ser sua causa. Marcos chama esse espírito de "espírito do mutismo e da surdez". A possessão do filho provavelmente tem a ver com o relacionamento pai-filho. Quando o pai pede a Jesus que tenha compaixão dele, porque não suporta mais aquilo, então Jesus primeiro lhe diz que olhe para seu próprio comportamento. A descrença do pai é a causa da doença do filho. Como o pai não acredita no filho, este é possuído pelo demônio do mutismo e da surdez. Quando um pai não crê em seu filho, quando não lhe confia nada, mas só o rebaixa, quando o humilha constantemente, então não resta mais nada ao filho senão ficar mudo. Não sobra mais espaço para ele falar sobre seus sentimentos, expressar seus anseios. Estes são imediatamente ridicularizados. Portanto, o filho se recolhe em seu mutismo. Não é um silêncio saudável, mas um mutismo derivado das feridas internas e das mágoas.

Quando os sentimentos não podem ser expressos, eles se tornam cada vez mais fortes. Evidentemente o jovem sente uma forte agressividade, justamente também contra seu pai. Mas não pode expressar essas agressões em palavras. Então elas se expressam na medida em que se dirigem contra ele mesmo. Elas o atiram no chão e rolam-no de um lado a outro. Desse modo o menino exterioriza o que na verdade gostaria de dizer ao pai: "Você me dilacera. Você acaba comigo. Você me atira no chão. Você me diminui. Você me rebaixa. Você me paralisa. Você não me deixa viver".

Aquilo que não consigo expressar com palavras me dilacera, me puxa de um lado a outro, me domina. Isso tudo torna-se visível no menino, na medida em que as agressões saem de sua boca sob a forma de espuma. Poderíamos dizer que se trata de um ataque epiléptico. Mas podemos explicá-lo também psicologicamente. Costumamos dizer, de uma pessoa agressiva: "Ela bufa de raiva. Ela espuma de raiva". Como a raiva não é mais expressa em palavras, ela se mostra na espuma sem palavras que sai da boca.

Muitas crianças demonstram sua raiva reprimida destruindo o brinquedo das outras crianças. Ao quebrarem tudo o que lhes cai nas mãos, elas querem mostrar aos pais que o relacionamento com eles está rompido. Lidar agressivamente com as coisas é a única forma que encontram de expressar sua agressividade em relação ao pai ou à mãe.

O demônio que mantém o menino possuído é ao mesmo tempo um espírito de surdez (Mc 9, 25). Como o menino ouve constantemente palavras ofensivas, ele fecha os ouvidos e se finge de surdo. Mas a surdez não tem a ver somente com a incapacidade ou a recusa de ouvir. A palavra alemã *Taub* (surdo) quer dizer, originalmente: não ouvir, não sentir nada, não pensar em nada, disparatado, imobilizado, obstinado, enrijecido.

Quando as ofensas dirigidas à criança tornam-se muito dolorosas, então não lhe resta outra coisa senão tornar-se insensível, renunciar ao pensamento sobre essas mágoas. A insensibilidade é uma proteção contra sua imensa dor. Ela leva a um fenecimento do homem, de todo o seu ser, impedindo que os sentimentos tenham acesso a ele e tornando tudo vazio e enrijecido. Ele fica paralisado, não quer ouvir mais nada. Todas as tentativas de estabelecer um contato com ele são destinadas ao fracasso.

A palavra *Taub* tem a ver com *toben*, que quer dizer, tornar-se surdo e disparatado. A pessoa surda e insensível não tem mais a percepção de seu comportamento. Ela nem percebe mais que dirige suas agressões desmedidamente contra si mesmo e contra todo o mundo. Manifesta sua fúria porque está insensível. Para essa pessoa a manifestação da fúria, a exteriorização das agressões, como foi descrito acima no caso do menino, é o único caminho de continuar se sentindo, de algum modo. O insensível só continua se sentindo à medida que destrói, em que se torna violento. Mas esse espírito da surdez e da insensibilidade é na verdade só um grito para pedir carinho, para pedir que alguém o abrace e lhe diga: "É bom você existir. Estou a seu lado".

Muitos que foram levados à insensibilidade quando crianças, ainda têm dificuldades, na idade adulta, de admitir seus sentimentos ou até de perceber que os têm. Assim, frequentemente eles provocam problemas conjugais. A experiência de conviver com um cônjuge insensível torna o outro agressivo. O homem que precisou reprimir seus sentimentos quando criança é meigo e gentil por fora. Mas exterioriza uma agressividade passiva. A mulher assume as agressões reprimidas do marido, à medida que ela própria torna-se agressiva.

O menino range os dentes e fica rígido. Ranger os dentes é um quadro que denota agressões impotentes. Normalmente usamos os dentes para morder. "Morder é uma atitude muito agressiva, é expressão de poder pegar, atacar, e agarrar" (Dethefsen, p. 177). Quem não consegue lidar com suas agressões, "quem não consegue satisfazer durante o dia seu desejo de morder, precisa ranger os dentes à noite" (idem, p. 179). O ato de ranger os dentes não leva a uma agressão dirigida, na qual mordemos alguma coisa, mas ao enrijecimento. É assim que Marcos a descreve. Aquele que reprime suas agressões durante anos, enrijece. Torna-se sem vida. O enrijecimento é o contrário da tranquilidade. É uma repressão violenta. E assim podemos observar, numa pessoa enrijecida, que sob a superfície de seu enrijecimento ela possui fortes emoções que borbulham e que podem explodir a qualquer momento.

A fragmentação é mantida coesa no enrijecimento, com muito esforço. Mas a qualquer momento ela pode dominar o ser humano e fragmentá-lo completamente. Um acesso de fúria desse tipo mostra todos os indícios de uma fragmentação. O homem não é mais dono de si mesmo. Ele é puxado de um lado a outro, por sua raiva. Para C.G. Jung os acessos descontrolados de fúria são às vezes sinais de uma esquizofrenia, na qual a pessoa é totalmente dividida em dois campos, que não conseguem mais se comunicar.

A fragmentação do filho também é expressa em outras imagens: "Muitas vezes ele (o demônio) até o atirou no fogo ou na água, para matá-lo" (Mc 9, 22). O fogo é uma imagem das paixões, do amor, mas também da sexualidade. A água é o inconsciente. Quando alguém não consegue verbalizar seus sentimentos, suas percepções, o conteúdo de seu inconsciente, este adquire tanto poder sobre ele que simplesmente o dilacera. A sexualidade que eu não encaro conscientemente e sobre a qual não consigo falar com confiança, torna-se independente.

É fato comprovado pela experiência que a maioria dos criminosos sexuais compulsivos são pessoas conformadas e contidas por fora, às quais jamais atribuiríamos esse comportamento sádico. Elas reprimiram tanto a sexualidade que se sentem jogadas no fogo, no sentido literal da palavra, ardendo nele e levando outras pessoas consigo. E quando reprimimos no inconsciente tudo o que é rejeitado por nosso entorno e tudo o que nós mesmos rejeitamos, em função de nossa educação, então num momento qualquer esse inconsciente torna-se tão poderoso que chega a nos inundar.

Muitas vezes isso é expresso em sonhos, nos quais aparecemos caminhando por uma campina e de repente o pequeno riacho começa a subir e inunda toda a região, e quase não conseguimos mais encontrar um caminho para sair. Ou então estamos nadando e corremos o risco de nos afogar. Isso nos mostra que ainda vivemos muito no inconsciente, que não estamos em contato com muitas coisas que existem dentro de nós. O inconsciente pode tornar-se uma torrente avassaladora, na qual submergimos. O clima de desconfiança que emana do pai faz com que o filho reprima tudo o que possa contrariar a vontade dele.

Antes de curar o filho, Jesus cura o pai. Este diz a Jesus: "Se puder, ajude-nos; tenha piedade de nós!" (Mc 9, 22). Jesus responde: "Se puder? Aquele que crê pode tudo" (Mc 9, 23). Ele se nega a representar o grande milagreiro, que conserta tudo o que aquele pai fez de errado. Confronta o pai do menino com a descrença dele: "Você poderia curar seu filho se acreditasse nele. Seu filho está doente porque você não acreditou nele, porque você o rebaixou e o rejeitou o tempo todo. Seu filho precisa de sua confiança para poder viver".

Aparentemente o pai entendeu essa recomendação. Sua exclamação: "Eu creio; ajude minha descrença!" (Mc 9, 24) é um reconhecimento dessa sua descrença, de sua própria impotência, e um reconhecimento de que ele precisa primeiro curar-se para que depois seu filho também possa viver. Só quando o pai mudar sua postura diante do filho, quando começar a acreditar nele, a valorizá-lo, a levá-lo a sério em sua individualidade, só então o filho poderá curar-se e tornar-se inteiro. Mas essa cura não acontece de forma amena. É um processo doloroso. Jesus ameaça e recomenda ao espírito mudo: "Abandone-o e não volte mais!". Jesus faz a distinção entre o jovem e o demônio que o fragmenta, e que o induz a um comportamento que não lhe corresponde. E com muita força manda o espírito abandonar o menino, para que ele possa ser ele mesmo. Mas antes disso o espírito mostra várias vezes seu poder e puxa o menino com muita força (*polla*) de um lado a outro. Só depois disso é que o espírito sai, com muita gritaria.

Aparentemente o menino precisa de um violento empurrão para livrar-se do poder do demônio e sair do círculo de sortilégio do pai. Ele parece ter crescido colado ao demônio, pois até precisa lutar junto com ele para libertar-se. Na história desse relacionamento não podemos atribuir toda a culpa ao pai. Provavelmente o próprio filho também vivera satisfeito com seu papel, pois assim mantinha o pai preso a ele. O pai teve de reconhecer sua própria impotência e preocupar-se com o filho mais do que desejaria. O filho precisou de uma forte gritaria para se libertar desse padrão demoníaco. Às vezes, antes de conseguirmos libertar-nos dele, precisamos primeiro expressar toda a nossa raiva e nossa dor com fortes gritos. Quando esse demônio cresce muito apegado a nosso corpo, então ele continua segurando-nos, mesmo quando há muito tempo já reconhecemos racionalmente nossa mágoa mais profunda. O grito torna-se necessário, para libertar-nos internamente do poder demoníaco da destrutividade.

O filho sente-se tão esgotado por aquela luta, que permanece deitado no chão, como morto. As pessoas dizem que ele morreu. Não o reconhecem. Sua velha identidade morreu. Ele não pode continuar vivendo do modo como vivera até então. Mas também ainda não sabe quem é, pois cresceu muito apegado a sua possessão. "Jesus pegou sua mão e o ajudou a reerguer-se, e o menino se levantou" (Mc 9, 27). Aqui surgem duas palavras que geralmente são usadas na Bíblia para designar "despertar" e "ressurgir". São elas: "egeiren" (despertar, erguer, despertar o morto, animar, endireitar, reerguer, e "aneste" (anastasis = ressurgir, reaparecer, levantar, renascer). É como um renascimento, uma ressurreição, quando uma pessoa consegue abandonar sua fragmentação e tornar-se ela mesma, por inteiro, quando encontra sua identidade, quando se levanta para ficar de pé sobre os próprios pés, quando ousa erguer-se contra o papel que representou até então, de trazer a morte.

Não podemos erguer-nos com nossas próprias forças, precisamos da mão de Jesus ou de uma pessoa querida que nos ajude a nos erguer, para que tenhamos coragem de enfrentar a vida novamente.

A forma como Marcos descreve a possessão do menino é válida também para a cura de toda fragmentação proveniente de um relacionamento problemático. Precisamos de uma pessoa que nos liberte da interdependência nefasta com o outro e nos coloque sobre nossos próprios pés. Hoje muitos terapeutas realizam essa tarefa, que Jesus realizava naquela época. E eles até podem relatar-nos quanto tempo é preciso e como pode ser doloroso até que uma mulher, por exemplo, se liberte das correias internas que a amarram à mãe ou ao pai, ou até que um homem consiga libertar-se da mãe ou do pai. Enquanto tratarmos nossos pais com agressividade, não estaremos realmente livres. Ainda estaremos dependentes deles. Só quando pudermos expressar verbalmente ou por meio de gritos todos os sentimentos reprimidos, sem que nos impeçam, poderemos encontrar gradativamente nossa própria identidade, reeguer-nos e levantar, ressurgir para uma nova vida, para nossa própria vida.

3. O grito mudo

Na terceira expulsão do demônio relatada por Marcos, a possessão é descrita com outras imagens. Um homem possuído por um espírito impuro habita os túmulos (Mc 5, 1-20). Ele se acomodou no mundo dos mortos. Isolou-se totalmente dos seres humanos. Está o tempo todo ocupado com a morte. Erich Fromm diria que é um necrófilo. Fixou-se na morte e na decomposição. Mas ao mesmo tempo há nesse homem uma força indomável. Ninguém consegue dominá-lo. As pessoas das redondezas, provavelmente pastores de suínos, tentaram amarrá-lo pelas mãos e pelos pés. Eles queriam ter sossego, afastando aquele homem agressivo. Eles queriam que aquele homem parasse de incomodá-los em suas lidas diárias. Mas ele mostrava ter uma força imensa dentro de si. Rompia constantemente as amarras e arrebentava as cadeias. Ninguém conseguia dominá-lo. O que está descrito nesse texto ocorre em muitas famílias. Os pais ficam desorientados quando uma criança demonstra um comportamento diferente, quando ela se isola e reage a tudo com agressividade. Frequentemente só lhes resta o caminho das amarras com regras rígidas, das reações autoritárias ao comportamento incompreensível da criança. Mas quanto mais se amarra uma criança, tanto mais ela rompe as cadeias. Provavelmente há dentro dela uma energia que não se deixa dominar tão facilmente.

O possuído habita os túmulos. Ele se isolou completamente das pessoas. Ao mesmo tempo, porém, grita dia e noite. Quem grita procura chamar a atenção. O possuído, portanto, é puxado de um lado a outro, entre o isolamento e a ânsia de atenção. Encontramos essa ambivalência frequentemente. Depois de uma briga conjugal, o cônjuge se retrai e não aparece mais. Mas secretamente ele espera que o outro vá procurá-lo e se aproxime. Com essa retração ao túmulo de sua autopiedade, na verdade ele está gritando pela atenção das pessoas. Frequentemente é um grito mudo. Muitos se retraem no mutismo. Não falam mais com o parceiro. Mesmo assim secretamente esperam que o parceiro tome a iniciativa de romper o silêncio e abra para ele novamente um caminho à comunicação e à vida. Com o mutismo ele quer magoar o outro de propósito, mas apenas magoa a si mesmo. E ao mesmo tempo deseja que o outro o ame tão incondicionalmente, a ponto de fazer com que até ele mesmo se torne capaz de amar novamente.

Marcos nos mostra mais uma característica do possesso. O homem bate em si mesmo com um punhado de pedras. Dirige suas agressões contra si mesmo. Ele se fere. Conheço muitas pessoas que possuem tendências semelhantes. Uma mulher atrofia seus seios, porque não consegue assumir sua feminilidade. Um homem desvaloriza-se e pune-se trabalhando o tempo todo. Antigamente as pessoas flagelavam-se nos conventos. Hoje nós nos indignamos com isso. Mas atualmente essas tendências masoquistas estão amplamente disseminadas. Muitos só sentem prazer quando provocam dor em si mesmos. O terapeuta suíço Adolf Guggenbühl-Craig explica esse fenômeno pelo fato de muitos não conseguirem suportar o contraste entre sofrimento e alegria, entre prazer e dor. Querem eliminar a tensão, própria do ser humano saudável, entre os polos extremos de sofrimento e alegria, na medida em que possam sentir ao mesmo tempo dor e prazer em seu comportamento masoquista (veja Schatten, p. 106). Como não encaramos nossa própria sombra, nós a expressamos na autoflagelação. Geralmente o masoquismo está ligado ao sadismo. "A alegria de destruir os outros e a autodestrutividade estão interligadas" (*ibid.*, p. 106).

Quando o possesso vê Jesus ao longe, corre em sua direção. Mas ele não pede ajuda, só começa a gritar: "O que tenho a ver com você, Jesus, filho do Deus Supremo? Eu lhe suplico, por Deus, não me torture!" (Mc 5, 7). É um comportamento ambivalente. Provavelmente o doente se sente atraído por Jesus. Pressente que junto a ele poderia encontrar a cura. E ao mesmo tempo defende-se contra essa cura. Quer continuar como está. No confronto ele sente sua fragmentação interna, mas ao mesmo tempo sabe que todo o edifício de sua vida, construído até aquele momento, desmoronaria se Jesus o curasse.

Nesses casos a psicologia fala de um ganho secundário de prazer em uma doença. Sofremos com nossa doença, mas também obtemos alguma coisa com ela. Não precisamos assumir nenhuma responsabilidade por nossa vida. Podemos sempre permanecer os eternos necessitados, que precisam da ajuda e dos cuidados dos outros. Ou então gostamos do papel de extravagante perigoso, do qual todos sentem medo e que ninguém consegue dominar, como nessa história. Assim sofremos com nós mesmos, mas nos conformamos. Não queremos nenhuma cura. Já nos acomodamos tanto em nossa fragmentação, que nem conseguimos mais sair dela. Sim, nós nos defendemos contra todas as tentativas das pessoas de nos curar. Nessa ambivalência torna-se visível uma importante característica dos demônios.

Fridolin Stier traduz a palavra grega "pneuma" por "espírito do contra". Os demônios são espírito, mas um espírito que nega, um espírito do contra. Em conversas de apoio espiritual, encontro frequentemente esses "espíritos do contra". Quando tento aproximar-me do outro compassivamente, e dar-lhe conselhos sobre o que poderia fazer para que algo dentro dele mude, imediatamente o espírito do contra se manifesta. Tudo o que digo é rejeitado e enfraquecido por meio de argumentos intelectuais. Provavelmente o parceiro da conversa está tão apegado àquela situação que o faz sofrer tanto, que nem quer libertar-se dela. É o espírito do contra que o mantém preso.

Para mim, o único meio de vencer esse espírito é chamá-lo pelo nome, como Jesus fez. Em vez de responder aos argumentos, tento abordar o próprio espírito do contra: "Tenho a impressão de que você não pretende mudar nada em sua situação. Afinal, ela também lhe traz vantagens. Talvez ela evite que você tenha de encarar sua verdade". Às vezes o espírito do contra responde indignado, e com uma inteligência arguta tenta justificar-se. Mas às vezes ele também se dá por vencido. Seu comportamento defensivo desmorona. Ele reconhece sua impotência e então pede a Jesus a cura de suas feridas e a libertação das pressões e dos antigos padrões.

Jesus pergunta ao possesso por seu nome. "Como se chama?" (Mc 5, 9). Mas não é o possesso que responde, é o espírito impuro: "Meu nome é Legião; pois somos muitos" (Mc 5, 9). Não é um demônio apenas que mantém o homem preso. "No doente habita toda uma legião de demônios, e isso significa que ele está totalmente fragmentado e destruído internamente" (Grundmann, p. 144).

Uma legião compõe-se de muitos milhares de membros. Portanto, no doente aninharam-se milhares de demônios. Ele não tem mais nenhum "eu" que possa caracterizá-lo. É dominado pelos muitos demônios que o puxam, ora para um lado, ora para outro. Atualmente a resposta do possesso talvez fosse assim: "Eu não sei quem eu sou. Os outros são culpados por minha doença. Meus pais me deixaram doente, a sociedade me destrói". As pessoas ficam entrincheiradas por trás dos espíritos malignos que vieram de fora e as tomaram de assalto. Esses espíritos sugaram o eu inteiro. Não há mais meio termo que possa guiar a pessoa a partir de seu "eu" ou de seu *self*. Ela é completamente controlada de fora. Fica totalmente submetida a todas as influências externas. Por isso, a cada momento é possuída por novas necessidades, levada por outras emoções, devorada cada vez mais por agressões. Nesse caso a fragmentação não significa apenas ser puxado de um lado a outro. A pessoa é principalmente fragmentada e destruída dentro de si. Ela é devorada pelos inúmeros demônios que fragmentam seu "eu" em milhares de pedacinhos. Mesmo assim Jesus crê na identidade dessa pessoa, em sua essência saudável. E como ele não se deixa ofuscar pela legião de demônios, mas vê a imagem de Deus nessa pessoa fragmentada, dá a ela a possibilidade de libertar-se dos espíritos impuros.

A cura que Marcos nos relata parece-nos estranha. Os espíritos impuros travam um diálogo com Jesus. Aparentemente eles têm medo de serem atirados ao inferno. Assim eles preferem juntar-se ao rebanho de porcos. Jesus lhes dá autorização. Então os demônios se juntam aos dois mil porcos e todo o rebanho se atira ao mar.

Se relacionássemos esse processo excepcional com nossa própria fragmentação, isso significaria que não podemos anular o poder das forças que nos fragmentam apenas por meio de uma boa conversa.

Elas precisam ser colocadas para fora, expressas por meio da ação. Uma pessoa coloca para fora suas agressões cortando lenha, a outra caminhando no bosque, e outra ainda jogando futebol ou escalando uma montanha. As forças que se instalaram em nosso interior precisam ser colocadas para fora, para perderem o poder sobre nós.

Não basta só reconhecer essas forças destrutivas. Muitas vezes elas já se instalaram no corpo. Então precisam ser expelidas com força, para o lugar ao qual pertencem de fato. Nesse caso provavelmente o lugar desses espíritos impuros é junto aos porcos. Os porcos representam a sexualidade, as porcarias das fantasias sexuais. Os demônios de uma psique sexualizada precisam ser neutralizados, tornados inofensivos. E isso acontece à medida que se juntam aos porcos e se atiram ao mar. Nesse espetáculo fica claro o que na verdade os espíritos impuros tinham em mente. Queriam afogar o homem para que ele submergisse no mar de seu próprio inconsciente. Quando o homem vê isso tão drasticamente, volta à razão.

Poderíamos entender a cura também de outra maneira. Provavelmente os pastores, aos quais a posse do rebanho de porcos era mais importante do que a saúde daquele jovem homem, eram culpados por sua demonização, pois com seu comportamento irracional ele impedira o sucesso da tarefa deles. Conheci muitas pessoas fragmentadas que ficaram doentes porque para seus pais a carreira era muito mais importante do que a atenção aos filhos. Mas a doença do filho obriga o pai a mandar para o inferno toda a sua propriedade. Agora ele precisa dar atenção ao filho, para que este fique curado.

Lembro-me de um jovem que ficou esquizofrênico. Seu pai precisou vender a cervejaria que possuía para pagar a terapia, que trouxe lentamente o filho de volta à vida. O pai teve de reconhecer que precisou abrir mão, posteriormente, daquilo que valorizava mais do que o próprio filho. Muitas vezes esse conflito existe dentro de nós. Somos puxados de um lado a outro, entre o desejo de sermos autênticos, de vivermos de acordo com nosso interior, e o empenho de possuirmos muitos bens e conquistarmos muito sucesso na vida. O sucesso pode tornar-se um demônio que nos fragmenta interiormente. A ânsia de possuir cada vez mais coisas e conquistar muito sucesso pode dominar-nos, como aconteceu com os pastores de porcos. Eles também não se deixaram impressionar pelo milagre. Pediram a Jesus que fosse embora daquele lugar. Não querem ter nada a ver com ele. Preferem continuar vivendo como até então.

A água também pode representar o inconsciente. Então a cura expressaria o fato de que muitas forças precisam voltar ao inconsciente para que sejam amenizadas e neutralizadas. Existem algumas coisas que não conseguimos integrar. Existem poderes demoníacos que não podem simplesmente ser aceitos como sombras. Eles precisam mergulhar novamente no inconsciente, para não nos dominarem mais. Os símbolos e os rituais poderiam ser uma forma de exorcizar essas forças destrutivas e prendê-las no inconsciente, para que não perturbem mais nosso consciente. Qualquer que seja a solução escolhida, o importante é que o doente se encontre novamente. Marcos descreve da seguinte maneira: o homem curado "Estava sentado ali, vestido adequadamente, e com a razão recuperada" (Mc 5, 15). Ele tem uma boa persona, como diria C.G. Jung, uma máscara que lhe cai bem, que protege seu interior de seu exterior, que contém o caos interno. Ele é senhor de si mesmo, e não é mais dirigido de fora. Voltou à razão, está consigo mesmo. Consegue pensar novamente com clareza. Seus pensamentos não são mais perturbados pelos espíritos obscuros. Ele encontrou de novo sua unidade. O "eu" fragmentado tornou-se novamente inteiro.

Não podemos curar sozinhos nossa fragmentação. Precisamos de Jesus, do terapeuta que expulse nossos demônios e nos guie novamente a nossa integridade. Precisamos da experiência de Deus para superarmos a divisão interna. É sempre um milagre de sua misericórdia quando conseguimos sair da fragmentação e encontrar o caminho de nossa unidade. Mas Jesus não cura os três homens possessos, do texto acima, sem a anuência deles. Ele os induz a lutarem, a se libertarem das cadeias internas por meio dos gritos e se erguerem. É mais fácil acusar os outros, os pais ou a sociedade, quando justificamos por que não conseguimos viver direito. O encontro com Jesus deveria dar-nos a coragem de nos encontrarmos com nós mesmos e não dirigirmos mais nossa força contra nós. Em vez disso, a partir dessa força com que Deus nos presenteou, devemos assumir a responsabilidade por nossas vidas e andar com os próprios pés. Não podemos, ao longo de toda a nossa vida, responsabilizar os outros por nossas dificuldades. Em algum momento precisamos assumir a responsabilidade por nossa vida e tentar viver com independência.

III. Eu faço o que quero
(Romanos 7, 14-25)

*H*á tempos já os exegetas e teólogos se perguntavam o que Paulo quis dizer no capítulo 7 da Carta aos Romanos. Na primeira pessoa, Paulo conta como se sente, pessoalmente. Ele não fala apenas de si mesmo, mas em sua pessoa mostra-se algo que diz respeito a todo o mundo. "Não entendo minha forma de agir; não faço o que quero, mas o que odeio... não faço o bem, que eu quero, mas o mal, que eu não quero" (Rm 7, 15, 19). Provavelmente Paulo formulou essa experiência pessoal sobre o pano de fundo da ética helenística, que descreveu detalhadamente a cisão do ser humano entre corpo e alma, sentidos e razão, paixão e virtude (veja Wilkens, p. 98s). Mas Paulo coloca essa cisão num outro nível. Para ele trata-se da oposição entre o reconhecimento da lei e a ação, em que esta entra em conflito com a lei. Ele está convencido de que em nós, ao lado da boa lei de Deus, há o domínio da lei do pecado. O pecado é como um poder que nos induz a fazer algo diverso do que identificamos como bom em nossa razão. "Mas quando faço o que não quero, não sou mais eu que age assim, mas os pecados que moram em mim" (Rm 7, 20).

Obviamente o homem está dividido dentro de si. No caso o "eu", na psicologia junguiana, o *self* como essência da pessoa não tem a força de determinar a ação. Dentro de mim há outro poder. É o pecado, a "hamartia", que mora dentro de mim. É uma força que me obriga a falhar naquilo que eu quero. "Hamartia vem de 'hamarto', errar, falhar, não atingir o alvo. Para Aristóteles 'hamartia' é a falha da virtude como alvo a ser alcançado, devido à fraqueza, falta de habilidade, falta de conhecimento" (Stählin, p. 296). O pecado que mora dentro de mim provoca uma cisão. Ele impede que eu atinja o alvo. É como um poder demoníaco que divide o homem e o impede de seguir sua determinação a partir de Deus e a viver de acordo com sua própria razão. O que Paulo descreve aqui é o que muitos já vivenciaram alguma vez. A pessoa não sabe por que age diversamente do que na verdade pretende agir. Precisa reconhecer que há dentro dela uma pressão para que não atinja o alvo de viver sua verdadeira existência humana.

1. Lei e graça

Foi sobretudo Agostinho que se interessou por esse texto de Paulo. Em seu livro *Confissões* ele também relata, na primeira pessoa, sua experiência com a própria fragilidade. Ele acha que Paulo pretende apontar-nos a oposição entre lei e graça. A cura não é obtida pela lei, mas só pela graça de Deus, que recebemos como presente por causa do amor de Jesus Cristo, o que se tornou visível de forma mais clara e radical em sua morte na cruz. Martinho Lutero traduziu a afirmação de Santo Agostinho em sua doutrina do *simul justus et peccator*. O homem é sempre ao mesmo tempo justo e pecador. John A. Sanford diz que a palavra de São Paulo é a afirmação de um psicólogo profundo. Paulo "tinha conhecimento de sua sombra e acreditava que só Deus poderia libertá-lo dela" (Schatten, p. 47). Por isso Paulo sabia que não era só bom, mas que dentro dele havia também outras facetas, aspectos maus e obscuros de sua alma. Ele tinha confiança de que seria redimido pela graça e não por esforço próprio. Esta é uma visão importante, benéfica para nós hoje também: "Não é por tuas ações que merecerás o amor de Deus.

Deus não te aceitará como alguém tão claro e iluminado a ponto de conseguir ter expulsado todas as trevas de dentro de si, mas apenas assim como tu és na verdade" (Schatten, p. 128). Aquele que acha poder fazer tudo o que quer, necessariamente reprime suas facetas obscuras. Sua sombra fica cada vez maior. E ele nem percebe mais quando a coloca para fora, na ação.

Paulo quer convidar-nos a nos encararmos de forma realista, com nossas facetas de luz e de sombra. Só então nossos esforços espirituais trarão frutos. Quando nos perguntamos pela experiência que está por trás do 7º capítulo da Carta aos Romanos, encontramo-nos, em nossa vida, diante da cisão entre o querer e o fazer.

O ser humano conhece o que basicamente seu coração quer, o que lhe faz bem, mas também sabe que, apesar disso, não age de acordo. Sabe que não lhe faz bem comer guloseimas o tempo todo. Mas, apesar de todas as recomendações, ele o faz. Percebeu que a meditação diária o ajuda a iniciar o dia de outra forma. Mesmo assim ele a deixa de lado. Outro sabe exatamente que não deve dar muita força a seu insatisfeito colega de trabalho, porque não pode deixar-se contaminar por essa insatisfação. Mas o tempo todo ele se surpreende pensando no colega, falando mal dele e deixando que seu próprio humor seja destruído. Outro ainda tem consciência de que não deve magoar o próximo. Mas as palavras que o magoam simplesmente saem de sua boca. É como um prazer, magoar o próximo, que não pode se defender. Ele sabe que com isso só se magoa a si mesmo. Mesmo assim ele o faz.

Muitos sofrem com essa cisão. Há muito já a identificaram, mas não são capazes de eliminá-la. Sempre de novo incorrem nos mesmos erros. É como uma lei da natureza, contra a qual não podem se defender. Para Paulo o que nos leva sempre a agir de forma diferente do que gostaríamos, no fundo do coração, é o pecado que mora em nós. O pecado nos divide internamente.

Ele elimina a unidade de pensamento e ação. Ele divide querer e fazer, ou seja, divide nossa vontade em uma que quer o bem, e outra que quer o mal conscientemente. Às vezes a vontade até nos força a agir contra a lei, a magoar o outro, a fazer algo que não está de acordo conosco. Algumas pessoas que roubaram dizem depois que não conseguiram agir de outra forma. Dizem que foi como uma pressão que se abateu sobre elas.

Muitas vezes são justamente as pessoas com ideais elevados que se sentem fragmentadas internamente. Por exemplo, uma freira sente a obrigação de viver muito corretamente, cumprir seus votos dolorosamente, com perfeição. Mas de tempos em tempos ela se permite romper as regras e dar a si mesma algo que não é permitido em sua ordem. Quando se senta para rezar, surge uma grande inquietação em seu interior e ela foge da oração. Sente-se fragmentada internamente entre essa forte exigência e a realidade. O que ela faz é totalmente inofensivo. Mas, como exige muito de si mesma, sente-se dividida internamente entre seu ideal e a realidade de suas ações.

2. Duas personalidades do eu

A psicologia retomou a temática de São Paulo sobre a divisão interna com diversas variações. Não retomou apenas a temática da sombra, que trataremos adiante, mas também a temática da divisão interna em duas personalidades do eu. Fala-se muito de personalidades mútiplas ou duplas. O que se quer dizer com isso é que a pessoa está dividida em diversos "eus", que estão lado a lado. Um dos "eus" quer ser bom e em seu comportamento persegue ideais morais, mas o outro "eu" só faz o mal. Muitas vezes esses dois "eus" estão totalmente separados um do outro. Robert Jay Lifton descreveu o fenômeno da "duplicação", da "divisão do eu" em duas totalidades funcionais, no exemplo dos médicos KZ.¹ O médico KZ desenvolveu um "eu KZ" que lhe permitiu colaborar na obra cruel de morte e destruição dos judeus. Mas ao mesmo tempo ele "precisou de seu 'eu' antigo, para continuar vendo a si mesmo como ser humano, médico, marido e pai" (Schatten, p. 203). A ruptura em dois "eus" de funcionamento independente permitiu ao médico que ele matasse sem sentimentos de culpa. Seu "eu" burguês atribuiu a seu "eu" KZ o "serviço sujo". Encontramos essa duplicidade em muitos terroristas, grupos de mafiosos e bandos de jovens. Por exemplo, o chefão da Máfia ou o líder de um esquadrão da morte, que ordena friamente o assassinato de um rival (ou o executa ele mesmo) e mesmo assim continua sendo esposo e pai devotado — e naturalmente também indo à igreja (idem, p. 208).

Lifton fala de um pacto com o demônio, firmado por essas pessoas. A temática do pacto com o demônio surge em muitos contos de fadas. E na literatura e no folclore encontramos sempre de novo a temática do "duplo", do "sósia". Aparentemente existe a tendência das pessoas de se venderem ao poder do pecado, para partilhá-lo e usar esse poder do mal sobre os outros. Mas, como mostram todos esses contos de fadas, a pessoa que firma um pacto com o demônio e serve às forças do mal acaba sempre no inferno da própria fragmentação. E o sósia vai finalmente matar seu contraeu, como no famoso filme "O estudante de Praga", que Otto Rank, um contemporâneo de Sigmund Freud, analisou do ponto de vista psicológico em seu livro *Der Doppelgänger* ("O sósia").

Certamente Paulo não tem em vista nenhum pacto com o demônio. Mas ele fala do poder do pecado, que pode dividir nosso "eu". A pergunta é, como podemos sair dessa cisão. Paulo coloca a pergunta opressiva: "Eu, ser humano infeliz! Quem me salvará deste corpo destinado à morte?" (Rm 7, 24). E ele mesmo dá a

---

¹ KZ = *Konzentrationslager* = Campos de concentração. (NT)

resposta: "Graças a Deus através de Jesus Cristo, Nosso Senhor!" (7, 25). Mas como posso entender que Cristo deve curar-me da fragmentação interna? Será que ele me dá forças para fazer aquilo que eu quero? Ele me libertará do poder do pecado? Para mim, a resposta de São Paulo situa-se num duplo caminho. O primeiro caminho consiste em juntar os dois "eus", muitas vezes separados e colocados lado a lado, e iniciar um diálogo entre eles. Paulo já abriu esse diálogo em seu texto. Traz os dois "eus" para uma conversa. Isso evita que separemos o "eu" bom e moral do "eu" mau e imoral. Ele relativiza nosso "eu" bom.

3. A visão sobre Cristo

De acordo com Paulo, o segundo caminho consiste em apresentar minha fragmentação a Cristo, ampliando o diálogo entre os dois "eus" para que se torne uma conversa a três, incluindo Jesus Cristo. Diante de Jesus Cristo eu posso assumir minha fragmentação sem me dilacerar em sentimentos de culpa, e sem me colocar sob uma pressão tal que precise matar o "eu" mau sob qualquer circunstância. Paulo acredita que a visão sobre Jesus Cristo me leva a meu ser verdadeiro e a minha totalidade. Quando olho apenas para minha fragmentação não me liberto dela, por mais que me esforce. Não conseguirei fazer tudo o que identifico como correto apenas com minha vontade. Também não posso utilizar Cristo como o manancial de força que me dá a energia necessária para superar a divisão. Posso apenas olhar para Jesus Cristo através de minha fragmentação, posso apresentar-lhe minha divisão. Então eu percebo, no meio dessa divisão, que posso ser como sou, inclusive com meus lados sombrios e minha incapacidade de fazer o bem. O olhar sobre Jesus Cristo me leva a mim mesmo, a minha verdadeira essência pessoal. Então eu consigo vivenciar a totalidade. Pois o amor de Cristo engloba os dois lados que existem em mim: o correto e o pecador, aquele que reconheceu a lei como boa, e aquele que constantemente incorre no pecado e age contra a lei.

Quanto mais eu luto contra minha fragmentação, tanto menos coisas consigo alcançar. E, ao contrário, quando me coloco frontalmente contra minha cisão interna, desperto uma força contrária tão grande que nem consigo lidar com ela. Conheço isso por experiência própria. Muitas vezes pensei que num momento qualquer poderia superar todos os meus erros. Aborrecia-me constantemente por incorrer sempre nos antigos erros. Após cada recaída eu resolvia ser mais consequente, refletir melhor antecipadamente, para saber quando eu poderia correr o risco de repetir o erro. Isso provocou certo efeito em mim, na direção de uma melhoria; mesmo assim eu caía sempre de novo na armadilha. E então eu me aborrecia novamente comigo mesmo. Culpei a mim mesmo, rejeitei a mim mesmo e com isso aumentei mais ainda a cisão.

Só quando eu me apresentei a Deus, com toda a minha impotência de superar a cisão com minhas próprias forças, senti de repente uma enorme e profunda paz interior. Posso apresentar-me a Cristo como sou, verdadeiramente. Sou totalmente amado por ele, totalmente aceito. Isso me liberta da fragmentação interna. De repente sinto uma grande clareza interna e uma forte harmonia comigo mesmo. Posso me deixar cair nos braços benevolentes de Deus, e sinto nisso toda a minha totalidade, minha cura, o fim da fragmentação.

A visão sobre Cristo não pode implicar num desvio de nosso olhar de nossas facetas sombrias. Senão a fé seria usada de forma indevida, para fugir à própria verdade. Paulo nos estimula, com suas palavras, a nos colocarmos diante de nossa própria verdade. Só quando apresentamos nossa verdade a Cristo, podemos reconciliar-nos lentamente com todas as facetas que não nos agradam, como nossa impotência, nossa incapacidade de fazer o bem, nossas facetas sombrias.

Não só na espiritualidade da Nova Era, mas também em alguns círculos cristãos, dissemina-se hoje amplamente a ideia de negar ou de transpor a sombra. Na euforia pela iluminação e pela experiência divina acham que não precisamos encarar nossas facetas obscuras. Imagina-se que elas tenham sido eliminadas definitivamente por Cristo. No movimento da Nova Era "tenta-se insistentemente convencer o buscador de que, com o mestre adequado e a prática correta, ele poderá chegar diretamente aos mais elevados níveis de consciência sem precisar primeiro confrontar-se com suas pequenas e feias fraquezas, e seus crimes" (Schatten, p. 123). Mas hoje podemos ver que nesses movimentos a sombra está surgindo com bastante evidência. Os gurus vão caindo uns após os outros de seus pedestais, porque suas fraquezas humanas vão surgindo de forma retumbante. "Alguns mestres perfeitos são famosos por seus acessos de raiva ou por sua conduta autoritária. Nos últimos anos alguns supergurus 'castos' tornaram-se notícia na imprensa por causa de suas relações sexuais secretas com discípulas" (idem, p. 130).

Paulo nos adverte contra um desejo um tanto apressado de iluminação e de experiência crística. Ele sabe que muitas vezes não faz o que quer, apesar de sua proximidade com Cristo. Mesmo após a conversão a sombra ainda permanece ativa. Às vezes as pessoas que vivenciaram uma conversão por meio de um movimento espiritual querem rapidamente deixar para trás sua história de vida. Mas isso não leva à verdadeira transformação. É bem mais provável que em seu caminho espiritual elas carreguem consigo os antigos padrões.

Uma mulher que foi humilhada pelo pai encontra uma vez um sacerdote que também a humilha. O padrão da atribuição da culpa a nós mesmos, que utilizamos quando crianças para nos protegermos do castigo de nossos pais, introduz-se na ação espiritual. Nós nos dilaceramos com sentimentos de culpa. A falta de autoconfiança determina também a relação com o acompanhante espiritual. A atenção é toda concentrada nele, e não se escutam os próprios sentimentos. Ou então a falta de autoconfiança da infância é substituída por uma exagerada consciência de missão, na qual nos colocamos acima de todos os outros apenas porque pertencemos aos poucos cristãos convictos. As sóbrias frases de São Paulo pretendem evitar que vejamos nossa conversão e nossa redenção de forma otimista demais, como se não tivéssemos mais nada a ver com nossa história de vida anterior. Só quando trazemos nossa própria história, com todas as suas mágoas e feridas, a nossa relação com Cristo, é que Ele poderá curar-nos de nossa cisão, na qual continuamos imersos mesmo depois de intensas experiências divinas e extraordinárias vivências espirituais.

IV. A fragmentação no monacato

1. A akedia

O antigo monacato fala do fenômeno da fragmentação, sobretudo na descrição da *akedia*. Normalmente *akedia* é traduzido por ausência de ânimo, ou indolência. Mas na verdade é a incapacidade de ser uno consigo mesmo, com o momento presente, com a própria situação de vida. Evagrius Ponticus descreve um monge que é assediado pelo demônio da *akedia*:

Primeiro ele aparece para o monge, fazendo com que o sol, quando se movimenta, só o faça muito lentamente, e então o dia passa a ter a duração de no mínimo cinquenta horas. O monge se sente impelido a olhar constantemente pela janela, a deixar a cela, a olhar cuidadosamente para o sol, para tentar saber o quanto ele ainda está distante da nona hora; a olhar para várias direções, para talvez ver um ou outro de seus irmãos deixar a cela. Lentamente o demônio faz com que no coração do monge surja um enorme ódio do local em que se encontra, de sua vida atual e também do trabalho que ele executa. Ele (o demônio) faz o monge acreditar que o amor entre os irmãos está morto e que não há ninguém que lhe possa dar algum ânimo. Se, durante essa fase, alguém por acaso chega muito perto do monge, então o demônio utiliza a oportunidade para aprofundar ainda mais esse ódio. Ele consegue fazer o monge sentir um forte desejo de estar em outros lugares, onde este pode obter mais facilmente o que precisa para viver, onde é mais fácil encontrar trabalho, e onde existe uma promessa maior de sucesso (Evagrius, p. 12).

A *akedia* dilacera-nos interiormente. Tornamo-nos insatisfeitos com nós mesmos, com o local em que vivemos, com as pessoas que convivem conosco, com o tempo que nos parece tão entediante, com o trabalho, com o modo de vida, com tudo.

Há uma rejeição de tudo o que nos cerca. Mas há, igualmente, uma rejeição de nossa própria pessoa. Sentimo-nos insatisfeitos, mas também não sabemos o que queremos verdadeiramente. Rebelamo-nos contra tudo. Mas não temos um objetivo. Apegamo-nos a ilusões aleatórias. Não conseguimos usufruir o momento presente. Quando oramos, temos a impressão de que na verdade deveríamos estar trabalhando. Quando trabalhamos, tudo nos parece difícil. Sentimo-nos cansados, temos a impressão de trabalharmos excessivamente, de estarmos estressados. Mas quando resolvemos descansar, não sabemos o que fazer com o tempo livre. Ele nos parece entediante e inútil. Nunca estamos efetivamente no lugar em que nos encontramos naquele instante, e nunca vivenciamos o momento presente. Sempre estamos em outro lugar, e ao mesmo tempo em lugar nenhum. A *akedia* é a definição mais radical de fragmentação interna que pode acometer as pessoas. Ela não é apenas a doença típica dos monges, é sem dúvida também um fenômeno dos tempos atuais.

A fragmentação do homem de hoje não se mostra apenas, como em Paulo, na cisão entre vontade e ação, entre lei e pecado, mas sobretudo na cisão entre desejo e realidade. Por causa da *akedia* confrontamo-nos frequentemente com desejos irrealistas, ilusões infantis sobre a vida, expectativas exageradas. Exigimos tudo dos outros e ficamos zangados quando eles não nos possibilitam ter a vida que sonhamos. Mas os outros podem até se esforçar em realizar nossos desejos. Nunca o conseguirão. Pois nossos desejos são imensos, incomensuráveis. Neles é que nos abrigamos, fugindo da realidade deste mundo. Negamo-nos a dizer sim a nosso "ser" humano, com suas restrições e limitações. Achamos que podemos reivindicar tudo, infinitamente.

A sociedade, a Igreja, a família, a empresa, são como grandes mães, das quais sempre esperamos tudo. E são culpadas quando nos sentimos insatisfeitos. Nem percebemos como essa postura nos remete à postura de uma criança insatisfeita, que também não sabe o que quer. Ela só sabe que não quer aquilo que lhe oferecem.

Pascal Bruckner descreveu essa postura como típica de nossa sociedade. É a negação de se compatibilizar com a realidade. Queremos sempre mais. Temos a impressão de que a ciência e o estado só existem para satisfazer todos os nossos desejos: "Todos os dias exigimos, em todos os campos, um desenvolvimento mais veloz. A técnica alimenta em nós a religião da ganância, com ela o possível torna-se desejável e o desejável necessário. Merecemos o melhor. A indústria e a ciência acostumaram-nos a uma tal produtividade, que ficamos furiosos quando as descobertas se tornam mais raras, quando a satisfação que sentimos com sua concretização é obrigada a esperar. 'Isso é insuportável', clamamos – com a imensa raiva de uma criança temperamental que, diante de um brinquedo, bate o pé e grita: 'eu quero isso' " (Bruckner, p. 71s). Mas essa criança temperamental não sabe o que quer realmente. Está sempre insatisfeita. É imatura, nunca descobriu seu próprio eu. E sem a experiência de nosso próprio centro somos dilacerados pelos desejos, puxados de um lado a outro pelas impressões externas.

2. O ficar-consigo-mesmo

Como método de cura para a *akedia*, Evagrius sugere aguentar firme, permanecer no próprio Kellion (pequena habitação do monge eremita). Precisamos permanecer com nós mesmos, para encontrarmos novamente nosso centro.

Na hora da tentação você não deveria procurar pretextos mais ou menos fidedignos para deixar sua cela, mas permanecer decididamente dentro dela e ser paciente. Simplesmente aceite o que a tentação lhe traz. Sobretudo, encare de frente essa tentação da akedia, pois ela é a pior de todas, mas tem como resultado uma grande purificação da alma. Fugir desses conflitos ou espantá-los torna o espírito inábil, covarde e temeroso (Evagrius, p. 28).

O que acontece quando permaneço na cela sem fazer alguma coisa determinada, sem orar, meditar ou ler alguma coisa? Milhares de pensamentos me acometem. Surgem sentimentos, lembranças, decepções, suposições, saudades. Às vezes aflora um caos de emoções. Se eu não fugir, mas aguentar firme, as emoções poderão lentamente se ordenar. Nesse caso a pergunta de Poimen é bastante útil: "Eu – quem sou eu?" Essa pergunta coloca os diversos pensamentos e sentimentos numa ordem, segundo sua relação com meu "eu" verdadeiro. Assim, muita coisa se revelará totalmente sem importância. Outras coisas vão ocupar minha atenção. Gradualmente chegarei a meu problema central. Qual é a questão fundamental de minha vida? Qual é meu anseio mais profundo? Em que momento vivo distante de minha verdade? Quem sou realmente? Como é essa imagem original, não falsificada, que Deus fez de mim? Não encontrarei uma resposta imediata para isso, a qualquer momento a pergunta pelo "eu" verdadeiro reaparecerá. Simplesmente estou aqui. Estou em meu centro. Estou em contato comigo mesmo, com o ser, com o mistério. Estou junto a Deus, diante de Deus e em Deus. E uma paz profunda me cerca. A presença amantíssima e curadora de Deus me envolve. Isso me basta. A fragmentação é suprimida. Tudo é uno.

Se eu me esquivar dos problemas, nunca encontrarei uma solução. Se eu ceder a minha fragmentação e me virar para cá ou para lá, serei cada vez mais dilacerado. Preciso aguentar tudo isso sozinho, por mais difícil que seja. Preciso ir ao fundo de minha inquietação. Então encontrarei as ilusões que criei sobre a vida, minhas pretensões exageradas e fantasias megalômanas infantis. E quando eu as reconheço e identifico como aquilo que são realmente — um pé atolado na infantilidade — então poderei reconciliar-me lentamente comigo mesmo e com minha situação. Se eu permanecer pacientemente comigo mesmo e aguentar, então as forças que estão se fragmentando em meu interior se unirão novamente, eu voltarei a ser uno e encontrarei de novo meu centro.

O ficar-consigo-mesmo é um caminho importante para reconciliarmos os opostos dentro de nós, para nos aguentarmos em nossa cisão. Evagrius descreve outros caminhos para nos livrarmos do domínio das paixões. A "apatheia" é um estado no qual as paixões não nos dominam mais, elas passam a nos servir, e se aquietam. Na "apatheia" posso lidar livremente com minhas paixões. Não fico mais amarrado a elas, dependente delas. Na verdade elas me levam à vida, e finalmente a Deus. Só quando alcanço essa liberdade interior, quando nada mais que vem de fora me domina, só então encontro meu "eu" verdadeiro. Evagrius diz que na "apatheia" eu posso ver minha própria luz. Posso tomar consciência de meu cerne mais profundo. E ele é uma luz muito clara. A luz é para mim uma imagem do "eu", o cerne mais profundo do ser humano, no qual também mora Deus, a verdadeira luz.

V. A polaridade do ser humano, segundo C.G. Jung

Segundo C.G. Jung, o ser humano tem uma estrutura polar. A cada polo corresponde um polo oposto. Esses polos opostos são, por exemplo, razão e sentimento, amor e ódio, disciplina e indisciplina, temor e destemor, homem e mulher (*anima* e *animus*) espírito e instinto. Quando a pessoa vivencia apenas um polo, conscientemente, o polo oposto torna-se uma sombra. Quando por exemplo alguém enfatiza sua razão unilateralmente, então o polo oposto, o sentimento, passa a exercer seu efeito no inconsciente, e geralmente de modo a se subtrair à influência do "eu". Por isso as pessoas que se orientam unilateralmente pela razão têm o inconsciente inundado pelos sentimentos. Elas não entram realmente em contato com seu lado emotivo, mas são comandadas por ele. Por isso não conseguem defender-se das fortes emoções. Estão indefesas, submetidas a elas. Não conseguem mais raciocinar claramente. A razão, geralmente tão forte, perde seu poder.

A verdadeira tensão no ser humano situa-se entre os lados consciente e inconsciente. Nesse contexto, Jung fala do ser humano como um ser duplo: "Um ser que tem um lado consciente, sobre o qual sabe tudo, e um outro lado, inconsciente, sobre o qual não sabe nada, mas que não precisa ficar escondido de seu semelhante... O ser humano vive como alguém cuja mão não sabe o que a outra faz" (Jung, vol. 18-II, p. 873).

1. Levar o ser humano a sua totalidade

O ser humano não consegue subtrair-se à tensão de seus opostos internos. Quando alguém defende seus princípios de forma bastante unilateral, frequentemente isso demonstra a insustentabilidade inconsciente de seus argumentos. "Por exemplo, eu conheci alguém que em todas as ocasiões, adequadas e inadequadas, proclamava em público seu princípio de honestidade e sinceridade. Como logo descobri, ele tinha fantasias intensas, que ocasionalmente o levavam a acreditar em inverdades" (idem, p. 875).

O objetivo da psicologia junguiana é levar o ser humano a sua totalidade. O caminho para essa totalidade passa pela conscientização das partes inconscientes no ser humano. No início do processo terapêutico isso produz "uma multiplicação e um aumento das tensões, porque por meio da conscientização os opostos na alma são ativados... Quantas vezes uma mulher pensou ser uma pomba de branca pureza, e nem imaginou que dentro dela também morava um feio demônio. Mas sem esse conhecimento ela não pode curar-se, nem alcançar sua totalidade" (idem, p. 879). Quando o ser humano encara suas contradições e incongruências ocultas ele se torna modesto e humilde. Ele para de julgar os outros e se torna mais tolerante. Sobretudo porém ele não mistura mais o trabalho que faz para as outras pessoas com seus interesses inconscientes.

A psicoterapia, como entendida por Jung, visa ligar novamente esses dois campos do ser humano, o consciente e o inconsciente. Quando eles estão muito separados, ocorre uma "dissociação (cisão) da personalidade, que é a base de todas as neuroses; o consciente vai para a direita e o inconsciente para a esquerda" (Jung, vol. 9-II, p. 193). A cisão da personalidade pode ser suprimida por meio dos símbolos, pois estes interligam o consciente com o inconsciente: "Como os opostos não podem unir-se em seus próprios níveis, é sempre preciso haver um terceiro elemento, em um nível superior, no qual as partes podem reunir-se. Na medida em que o símbolo provém tanto do consciente quanto do inconsciente, ele pode reunir os dois" (idem, p. 193). O símbolo mais acertado para a unidade dos opostos no ser humano é a cruz. Ela expressa a totalidade do ser humano, que justamente consiste no fato de ele suportar a tensão dos opostos e reuni-los em seu centro, no ponto de cruzamento. Quando estendo bem os braços segundo a estrutura da cruz, sinto essa tensão dos opostos. Os opostos podem romper-me ao meio, mas também podem tornar-me mais amplo. De repente sinto uma grande amplidão e uma imensa liberdade. Sinto-me uno com todo o cosmo. Nada de humano, nada de terreno, nada de cósmico me é estranho. Tudo tem seu lugar em mim. E tudo é ligado pelo centro, no qual o próprio Cristo está dentro de mim. Os símbolos podem unir os opostos de tal forma "que eles não se separam mais para lutar entre si, mas completam-se mutuamente e configuram a vida convenientemente" (Jung, *Erinnerungen*, p. 341).

Jung entende a humanização de Deus como "embate criador do ser humano com os opostos e sua síntese no 'eu', na totalidade de sua personalidade" (idem, p. 341). Sim, Jung pode até dizer que todo oposto é de Deus, e que a encarnação significa que a pessoa foi tomada pela contraditoriedade de Deus. Para Jung, a redenção pela cruz significa que o ser humano tomou consciência de seus opostos de forma dolorosa. "Justamente no conflito mais extremo e ameaçador é que o cristão experimenta a redenção à divindade, na medida em que ele não se despedaça com ela, mas assume em si o fardo de ser um eleito. Apenas dessa forma concretiza-se nele a *imago Dei*, a humanização de Deus" (Jung, vol. 11, p. 447s).

Nos acompanhamentos vejo muitas vezes que as pessoas se sentem fragmentadas porque acham que podem viver sem os opostos existentes em seu interior. Acreditam que podem ser só boas. E então sentem-se fragmentadas, quando descobrem em si tendências sádicas e masoquistas. Elas pensam que podem planejar e administrar suas vidas totalmente segundo a vontade de Deus. E então ficam consternadas quando se colocam abertamente contra a vontade de Deus. Querem ser devotas, e admiram-se quando veem que dentro delas também existem partes não divinas. Desejam trilhar um caminho espiritual e intensificar sua relação pessoal com Cristo. Mas dentro de si elas sentem justamente o contrário. Quando meditam, sentem apenas o vazio em seu interior. Quando oram, têm a impressão de falar com uma parede, e acham que isso não pode acontecer. São justamente aquelas pessoas que olham para o céu depressa demais, para fugir de sua humanidade banal, com todas as suas necessidades terrenas, que incorrem numa fragmentação que lhes rouba toda energia.

2. Assumir os opostos

O caminho que tento trilhar com as pessoas nos acompanhamentos não passa por uma elevação da espiritualidade, uma intensificação da relação com Deus, ou um aprofundamento dos lados bons. Pois se eu as incentivar para que orem e amem mais ainda, estarei levando-as a um beco sem saída. Elas se esforçarão em suprimir todos os elementos negativos dentro de si e se colocarão à disposição apenas de Deus. Mas desse jeito, em algum momento elas cairão em depressão, ou se sentirão envoltas pela escuridão.

De repente elas não sentirão mais alegria com Deus ou com a vida espiritual. Não conseguirão esquivar-se da força de seus instintos, serão formalmente fragmentadas por eles. Então preciso estimulá-las a assumir o polo oposto dentro delas. Elas precisam aceitar o fato de terem dentro de si também lados não divinos, de que algumas partes em seu interior não querem nem saber de Deus, de que alguns desejos absolutamente não se orientam pela vontade divina, mas são "amorais". Ao invés de procurarem soluções rápidas na devoção, elas precisam primeiro encarar e aceitar sua instintividade.

A vivência desses opostos produz o que os monges chamam de humildade, a coragem de descer até a própria humanidade, com suas necessidades vitais. Quando o ser humano se reconcilia com sua sombra, poderá encontrar o caminho para seu "eu" verdadeiro e descobrir Deus dentro de si. Só então seu caminho espiritual o levará adiante. E seus anseios por uma relação mais intensa com Deus serão satisfeitos, mas de maneira diferente do que ele havia imaginado. Certamente muitas vezes nós já imaginamos como deveria ser nossa relação com Deus. Achamos que junto a Deus sentimos sempre amor e proteção, e que em todas as situações podemos falar pessoalmente com Jesus. Mas só quando tenho coragem de mergulhar em minha obscura realidade, é que meu inconsciente também entra em contato com Deus. Sem o doloroso autoconhecimento em que eu tomo consciência dos lados de sombra dentro de mim, a relação com Deus torna-se unilateral. Ela tenta passar por cima de minha realidade. Isso pode no máximo levar a experiências afetivas com Deus, mas que não se sustentam. Justamente quando as pessoas falam euforicamente demais de suas experiências com Deus, eu fico cético. Muitas vezes já vi que em experiências espirituais a euforia é só o reverso da sexualidade reprimida. Na euforia tenta-se fugir da própria sexualidade. Mas inevitavelmente se é apanhado por ela. Muitos nem percebem que na euforia de seu amor por Jesus acabam vivenciando suas necessidades sexuais. Querem libertar outras pessoas de suas inibições, e assim utilizam-nas apenas para suas próprias necessidades de proximidade e sexualidade. É um caminho doloroso e humilhante encarar a própria carência e apresentá-la a Deus. Só assim, porém, as contradições internas tornam-se uma fonte de vitalidade. Quando elas são evitadas, atiram a pessoa ao chão, com violência.

Jung fala da "dissociação, ou dissociabilidade da psique" (Jung, vol. 8, p. 202). Com isso ele entende que os processos psíquicos frequentemente não têm conexão entre si, e que os processos inconscientes "são muitas vezes notavelmente independentes das vivências do consciente" (idem, p. 202). O psiquiatra sabe que a unidade da consciência, tão arduamente alcançada, pode desaparecer muito rapidamente. Então parece que o ser humano passa a ser habitado por muitas almas, independentes umas das outras. O ser humano não constitui mais nenhuma unidade, ele se desfaz em diversas partes. Jung conhece os dois fenômenos: o primeiro, a existência de duas partes da psique independentes uma da outra, que dão a impressão de que a pessoa é habitada por diversas almas. Segundo, o fenômeno dos diversos polos opostos, como espírito e instinto, consciência e inconsciência. Muitas pessoas vivenciam ambos, hoje em dia. Muitas sentem que nelas existem os mais diversos sentimentos, lado a lado, sem relacionar-se, como se não tivessem nada a ver uns com os outros. Elas representam diversos papéis, sem uma ligação. Às vezes parecem ser duas pessoas diferentes, que aparecem publicamente como benfeitoras da humanidade, ou mestres sábios, mas em casa oprimem a família e agem egocentricamente.

Muitas vezes não encontramos o caminho para reunir essas diversas almas em nosso peito, porque não conseguimos ver a ligação entre elas. Mas quando reconhecemos que essas partes, aparentemente não ligadas, comportam-se mutuamente como opostas, então poderá surgir em nós uma unidade. Os opostos possuem a tendência de se unirem. Da tensão entre os opostos produz-se no ser humano uma energia que visa a reunião desses opostos. Portanto, quando reconhecemos que em casa vivenciamos nosso lado egoísta, enquanto em público nos apresentamos como altruístas demais, então nossa tarefa é promover o diálogo entre esses dois lados. Não devemos desvalorizar esses dois lados, pois precisamos deles. Sem o egoísmo ficaríamos totalmente sem recursos. Mas os dois lados não podem viver um ao lado do outro sem nenhuma ligação. Nesse caso eles nos levariam a uma vida só aparente, a uma fragmentação que nos dividiria e a qualquer momento nos tornaria inverossímeis. Não posso deixar-me dominar pelo egoísmo, devo apenas considerar sua função correta. Então ele poderá ajudar-me em minha autocontenção, quando muitos exigirem demais de mim. E ele também zelará para que eu não me contenha demais. Quando atribuo a meu egoísmo sua dimensão correta, posso colocar-me pleno de força e engajado em favor dos outros e ajudá-los, sem medo de me exaurir com isso.

3. Integrar os opostos

Muitos não conseguem ver a ligação entre os polos opostos em suas psiques. Por exemplo, dois amigos podem até sentir-se como um só. Eles se entendem e vivem bons momentos juntos. Mas no instante seguinte podem subitamente ter pensamentos negativos, um deles pode sentir vontade de magoar o outro, de dizer-lhe o quanto ele é difícil, e pedir que o deixe em paz. Muitos se assustam com essas oscilações de humor. Não conseguem classificá-las. Acham que possuem duas almas no peito, duas almas que não têm nada a ver uma com a outra. Mas nesse caso também seria importante promover o diálogo entre os dois polos. Os impulsos agressivos talvez sejam necessários para que os dois amigos não se dissolvam na sensação oceânica de serem um só, e acabem deixando aflorar outras coisas. Proximidade e distanciamento, amor e agressão, compreensão e incompreensão, sentimento de unidade e solidão, devem estar sempre juntos. São dois polos que só se tornam frutíferos para o ser humano quando estão juntos. Se alguém quiser vivenciar apenas um dos polos, passará ao largo da vida e será vítima do logro e da ilusão. Se alguém quiser vivenciar na amizade apenas a unidade, colocará o amigo a uma distância cada vez maior. Em seu empenho por unidade perene ele obterá justamente a cisão. Só quando eu assumo conscientemente a tensão entre unidade e separação, entre proximidade e distanciamento, entre amor e agressão, é que a relação poderá permanecer viva ao longo do tempo, tornar-se uma unidade num nível mais elevado.

Para C.G. Jung, Cristo é o *complexio oppositorum*, a conjunção de todos os opostos (Jung, vol. 18-II, p. 776). Para ele Cristo é também símbolo do "eu mesmo". O ser humano só alcança a si mesmo quando reúne os opostos dentro de si, quando integra dentro de si o consciente e o inconsciente, a luz e a escuridão, o bem e o mal. Esse é um processo doloroso, que para Jung também significa carregar a cruz. Mas, sem assumirmos nossos opostos, o encontro com nosso próprio "eu" não será possível. Jung deu prosseguimento, no nível psicológico, àquilo que a filosofia grega já começara. O objetivo da humanização é a totalidade, a integridade. Por isso Jung traduz a palavra bíblica "perfeição" por "integridade". Não se trata de excluirmos nossos lados negativos e nos tornarmos infalíveis. Nunca conseguiremos chegar a isso. Precisamos assumir os opostos dentro de nós para nos tornarmos inteiros, completos. Então os opostos reprimidos em nosso inconsciente cessam de nos fragmentar e de exercer seu efeito negativo sobre nós e nosso entorno. Tudo o que temos de reprimido ou separado tem um efeito devastador em nosso entorno. Projetamos nossas agressões reprimidas sobre as pessoas a nossa volta. Para Jung não basta ter boas intenções. Trata-se muito mais de ter consciência também das razões inconscientes. "Não se tem nenhuma certeza de que uma pessoa com boas intenções também seja, em todas as circunstâncias, uma boa pessoa. Mas se ela não o for, então suas melhores intenções poderão levá-la à ruína, o que se confirma sempre nas experiências do dia a dia" (idem, p. 880).

Para Jung, nossa tarefa consiste em integrar os opostos dentro de nós. Mas só conseguimos isso quando percorremos essas nossas contradições e as suportamos. Se o ser humano não percorrer o inferno de suas paixões, jamais conseguirá superá-las e integrá-las. "Elas permanecem no interior da casa ao lado e, sem que ele perceba, podem atirar uma centelha e atingir a própria casa dele" (Jung, *Erinnerungen*, p. 280). Por isso Jung sempre se tornava cético quando alguém dizia que renunciara a algo de forma radical. Quando alguém diz que só poderá seguir Cristo quando renunciar a todas as suas vocações, a todas as suas demandas, então existe "o risco de que aquilo que se abandonou ou a que se renunciou retorne com violência redobrada" (idem, p. 280). Jesus também diz isso, quando fala que o espírito impuro que expulsamos de dentro de nós, para servirmos apenas a Deus, retorna para nós. E quando, em seu retorno, ele encontra nossa casa "limpa e enfeitada, então ele vai buscar mais sete espíritos piores do que ele. Todos se instalam e vão morar ali. Então no final, para essa pessoa, as coisas ficam piores do que antes" (Lc 11, 25s).

Às vezes achamos, precipitadamente, que já ficamos livres de todos os espíritos impuros. Mas quando não lidamos atenciosa e conscientemente com nossa realidade interior, eles retornam.

Por isso é que se recomenda modéstia na vida espiritual. É sempre um milagre quando nos livramos de dependências, quando podemos abandonar nossas demandas, quando nos relacionamos com Deus e os seres humanos de forma altruísta. Mas aquele que fala euforicamente demais sobre como abriu mão de tudo, corre o risco de trocar sua renúncia por simples bazófia e ânsia de auto-valorização. Então aquilo que foi abandonado realmente volta em dobro. O pior é que ele nem percebe nada. Acha que fez tudo aquilo por Cristo. Mas na verdade quis apenas tornar-se interessante para os outros e colocar-se no centro das atenções. Não é à toa que os monges encaram a humildade como principal critério para a autêntica espiritualidade. Só aquele que estiver disposto a descer aos abismos da própria alma poderá ser tão iluminado e transformado pela luz e pelo amor de Deus a ponto de se soltar e deixar que Deus atue sobre ele.

VI. A integração da sombra

Jung foi o primeiro a pregar o conceito da sombra. A partir daí esse conceito é aplicado por diversos psicólogos. A sombra é aquilo que excluímos da vida, porque não corresponde à ideia que fazemos de nós e de nossa imagem externa. Robert Bly fala do enorme saco que arrastamos atrás de nós. Nele enfiamos tudo o que não podemos usar para nosso progresso e que contraria as expectativas que nossos pais incutiram em nós, ou que nós mesmos criamos. A questão é: como podemos integrar a sombra? Mostrarei os caminhos que alguns discípulos de C.G. Jung descreveram para o trabalho com a sombra. Jeremia Abrams e Connie Zweig reuniram trabalhos de junguianos que trataram a temática da sombra em diversos campos e mostraram os caminhos de sua integração.

1. Amar o lado da sombra

Para James Hillman o que pode curar a sombra é por um lado o reconhecimento honesto do que reprimimos, e por outro o amor pelas facetas mutiladas em nós. A pergunta mais importante é se podemos mobilizar tanto amor a ponto de amar inclusive nossas características mais inferiores, "essas fraquezas rígidas, obstinadas, inatas, como a teimosia e a cegueira, a maldade e a crueldade, o logro e a presunção" (Schatten, p. 220). Amar a si mesmo não é tão fácil. "Isso significa que se deve amar tudo em si, até o lado da sombra, onde se é tão inaceitável, tão inferior. Aceitar com condescendência esse lado humilhante, penoso, representa a cura" (idem, p. 220). Mas ao mesmo tempo o trabalho com a sombra é um problema moral. Não posso deixar-me dominar pela sombra e vivenciar tudo o que foi reprimido em mim. Trata-se muito mais da integração da sombra no conjunto da vida decorrida até então. Trata-se de fazer jus aos dois polos, o consciente e o inconsciente. E.T.A Hoffman descreveu em seu romance *Die Elixiere des Teufels*: "Para onde tudo isso pode nos levar, quando cedemos demais ao que é demoníaco" (idem, p. 244).

Deus pode falar conosco na sombra, mas o demônio também pode. Por isso não podemos arriscar demais, a ponto de abrirmos caminho para o demônio e como o monge Medardus, beber da mesma garrafa que ele. É preferível assumirmos os lados de sombra sem com isso esquecermos o bem que até então promovemos e realizamos na vida. Alguns acham que por meio da conscientização da sombra o mal aparecerá. Mas é justamente o contrário: "O conhecimento da sombra pessoal é o pressuposto para a supressão das trevas morais do mundo" (idem, p. 246). Aquele que conhece sua sombra lidará com mais cuidado consigo mesmo e questionará mais criticamente suas próprias motivações. Cessará de projetar seus lados de sombra em outros povos ou no vizinho ao lado, e lidará de forma mais benevolente com as pessoas de seu entorno.

2. Reforçar os sintomas

Para esse trabalho, Ken Wilber recomenda-nos em primeiro lugar recolhermos a projeção de nossa sombra. Um dos caminhos poderia ser invertermos todas as nossas afirmações: " 'O mundo me rejeita' transforma-se em: 'Eu rejeito todo este maldito mundo'; 'meus pais querem que eu estude' transforma-se em: 'Eu quero estudar'; 'minha pobre mãe precisa de mim' transforma-se em: 'Eu preciso de sua proximidade' " (idem, p. 255). Outro caminho seria reforçar os sintomas produzidos pela sombra. Quando não luto contra minha depressividade, meus medos ou meus sentimentos de culpa, mas pelo contrário, eu os reforço, consigo reconhecer minha sombra com mais nitidez. Quanto mais consciente eu estiver de minha sombra, tanto menos poder ela terá sobre mim. E num momento qualquer ela desaparecerá por si só. Quanto mais eu resolver combatê-la, porém, tanto mais ela resistirá. Ao invés de excluir a sombra, é melhor fazer amizade com ela e convidá-la a se tornar parte de minha identidade. Então, tanto meu modo de ver quanto minha identidade se ampliarão.

3. Comer a sombra

Robert Bly chama o recolhimento da projeção de "comer a sombra". Para ele "a linguagem é um meio essencial de recolher a projeção e integrar a sombra. A energia que vaza passa a flutuar em algum lugar fora da psique, e a linguagem pode ser uma corda com a qual puxamos a energia de volta" (idem, p. 261). Podemos escrever num papel o que nos comove mais profundamente. Assim entramos em contato com facetas de nossa alma que até aquele momento eram desdenhadas. Além da linguagem, a pintura ou a escultura podem também colocar-nos em contato com nossas regiões de sombra. Em qualquer caso, trata-se de lidar ativamente com as imagens interiores. "Aquele que se comporta passivamente diante de suas projeções contribui para o risco de guerras, pois cada pedacinho de energia que não captamos pela linguagem ou não concentramos em outras atividades artísticas, flutua em algum lugar sobre as equipes de governo e pode ser pescada por nossos líderes políticos" (idem, p. 261). Bly cita uma frase de Blake: "Aquele que não é artista não pode ser um Cristo. Quem de algum modo não dá expressão a sua vida interior poderá de qualquer modo ser uma lagarta disfarçada de cristão, mas nunca um ser humano" (idem, p. 261). Espiritualidade sempre tem a ver também com criatividade. Lidar criativamente com a própria sombra torna-a frutífera. A criatividade tem a ver com confiança e liberdade. Aquele que quer, medrosamente, manter sua sombra presa, será dominado por ela. Aquele que souber administrá-la criativamente poderá mantê-la como fonte de inspiração e de espiritualidade.

4. Dialogar

Para suprimir a fragmentação interna precisamos dialogar com as energias instintivas negadas e que se tornaram demoníacas. Mas para isso precisamos conceder-nos algum tempo e não nos sobrecarregarmos. Só deveríamos iniciar esse diálogo quando nos sentirmos suficientemente fortes. Muitas vezes as pessoas acham que não têm nenhuma energia demoníaca dentro de si. Tiveram de reprimi-la, porque sentiram medo de serem abandonadas e ficarem sós, ou então de sofrerem uma desforra catastrófica. Mas quando essas energias ficam presas por muito tempo, sentimo-nos exauridos e esgotados. "Geralmente é o esgotamento, e não o cansaço passageiro, que mostra que fortes instintos estão sendo negados" (idem, p. 270).

As energias demoníacas não são más por natureza. Muitas vezes elas só são tão agressivas porque prendemos por tempo demais em sua jaula o animal que existe em nós (os instintos). Quando ele sai, torna-se naturalmente agressivo. Nossa tarefa deveria ser travar um diálogo com o animal dentro de nós. Mas ao mesmo tempo deveríamos levar a sério o medo que sentimos. Não podemos nos sobrecarregar. "O demoníaco possui um imenso potencial destrutivo, tanto maior quanto mais determinadamente e por mais tempo foi negado" (idem, p. 271). Muitas vezes os animais surgem nos sonhos. Então seria um bom exercício falar com esse animal, ouvir o que ele nos quer dizer. Quando falamos com o leão que nos persegue e ameaça dilacerar-nos, ele se torna manso de repente. "Ele não precisa nos 'comer' (dilacerar nossa personalidade). Ter atenção, poder falar e ser ouvido – ele não precisa mais do que isso" (idem, p. 273).

Então torna-se realidade o que Isaías prometeu: "O cordeiro e o leão estão juntos no pasto, um pequeno pastor consegue protegê-los. A vaca e a ursa são amigas, seus filhotes estão deitados juntos" (Is 11, 6s). Nessas palavras do profeta torna-se evidente que não precisamos combater eternamente nossos lados instintivos, que podemos conviver pacificamente com eles, porque se prestarmos atenção neles obteremos uma imensa energia. Mas essa atenção não é tão óbvia. É justamente nossa voz espiritual que muitas vezes quer evitar que encaremos essa energia demoníaca.

Halt Stone e Sidra Winkelman nos contam a respeito de John, um advogado, que era sempre muito simpático e gentil. Ele reprimira seu lado negativo, e dessa forma forçara sua mulher a assumir essa faceta. John era sempre amoroso, sua esposa era sempre a mulher má e insatisfeita. Quando o casamento se desfez, ele adotou um caminho espiritual. A espiritualidade serviu-lhe para prender na jaula de novo suas energias demoníacas. Na terapia essa voz demoníaca expressou-se poderosamente. Ela lhe sinalizou: "Enquanto você se comportar como se fosse Jesus Cristo, eu o golpearei com todos os bastões imagináveis bem no meio de suas pernas. Afinal, eu quero apenas que você tome conhecimento de mim" (idem, p. 274).

Tomar conhecimento ainda não significa vivenciar essa energia demoníaca, que em John era a voz do poder. Mas por um lado tomar conhecimento dela nos faz mais humildes, e por outro nos preserva da parcialidade e da cegueira. E em nosso caminho espiritual ela também nos permitirá permanecermos com os dois pés no chão, e nos fornecerá energia suficiente para realizarmos nossa missão aqui na Terra e ao mesmo tempo buscar Deus com entusiasmo.

5. Dar expressão à voz interior

John Bradshaw chama a voz de todas as partes reprimidas em nós, de voz da vergonha. Ele acha que nós realizamos uma conversa interior, na qual nos criticamos ou nos rebaixamos constantemente. "Eric Berne compara a voz interior com um rádio que funciona o tempo todo transmitindo recomendações dos pais'" (idem, p. 276). E ele acha que o cidadão normal recebe 25.000 horas desse tipo de transmissão em sua cabeça. Essa voz interior divide a alma. Para superarmos essa divisão, Bradshaw recomenda darmos expressão à voz interior, na medida em que a exteriorizamos em voz alta. Outro caminho seria manter um diário de nossas reações exageradas. À noite deveríamos sempre lembrar-nos de nossas reações exageradas a outras pessoas. Então poderíamos procurar pela voz que surge ali, nos bastidores.

Uma vez Bradshaw reagiu com violência ao conversar com sua mulher sobre a reforma de alguns dormitórios, e então ele descobriu uma voz por trás: "Que belo marido você é! Duas mãos esquerdas. Lamentável!... Há homens que sabem muito bem fazer reformas ou construir; os bons pais preocupam-se com seu lar" (idem, p. 279). Essa voz nos bastidores ocorre inconscientemente. "Nas pessoas envergonhadas transcorre um diálogo autocrítico quase constante. Trata-se nesse caso também do 'jogo de autoacusação'" (idem, p. 280). Quando não fazemos esse jogo conscientemente, ele vai nos dilacerando e nos destruindo gradualmente. Uma forma de eliminar da consciência essa voz crítica inconsciente, consiste em imaginar sua figura material, num exercício de imaginação, e criticá-la em voz alta. Então troca-se de lugar com ela e se assume a aparência dessa figura, que então responde à crítica. Desse modo o diálogo interior, que de outra forma ocorreria inconscientemente, torna-se consciente. Assim poderemos aceitar-nos aos poucos e superar nossa divisão.

6. O idealismo e seu lado de sombra

A aceitação da sombra parece-me hoje ser um tema central. Em todos os lugares surgem ideologias, seja na política ou na religião. Todos os novos movimentos podem sobrepor-se aos outros e correm o risco de reprimirem a própria sombra. Isso vale para os movimentos pela paz, que são contra a violência, mas muitas vezes tornam-se bastante violentos contra os que pensam de outra forma. Em seu livro *Gandhis Wahrheit*, o psicólogo americano Erik Erikson apontou para algumas armadilhas no caminho para a paz. Ele reconhece indubitavelmente o extraordinário trabalho de Gandhi. Mas vê nele também um lado obscuro. Gandhi usava de muita violência consigo mesmo, num "empenho exagerado pela perfeição moral" (idem, p. 178). Por meio da violência dirigida para dentro de si, também se criaram relações tirânicas e de exploração entre ele e as pessoas que lhe eram muito próximas, e por isso mesmo especialmente indefesas" (idem, p. 178).

Todo idealismo também tem um lado de sombra. Isso não quer dizer que devemos suspeitar de todo idealismo e desistir. É bom que as pessoas se empenhem em defender ideais. Mas faz parte da humildade humana sempre contar com o lado da sombra. Muitas vezes o médico que se dedica totalmente aos outros possui também um lado bastante egocêntrico. O músico, que é tão sensível, frequentemente também revela um lado brutal dentro de si. As pessoas que se envolvem na luta pela preservação ambiental às vezes mostram um tipo de agressividade passiva que acaba passando inconscientemente ao interlocutor da conversa, tornando esse último realmente agressivo. Muitas vezes eles nem ouvem o que o outro diz, e reagem às réplicas com generalizações morais.

7. A sombra "religiosa"

Parece-me importante também sempre examinar os novos movimentos eclesiásticos, no que se refere a seus lados de sombra. Senão eles correm o risco de falsear aquilo a que na verdade aspiram. Já cheguei a ver como muitos representantes de movimentos de renovação, que têm o amor e a unidade escritos em suas bandeiras, lidam de forma desleal com quem pensa diferente, e como, sob o manto da unidade, eles descartam qualquer crítica. Essa alergia contra qualquer crítica já indica a sombra reprimida. Percebo como algumas pessoas, que ouvem a voz do Espírito Santo e querem seguir só a ele, justificam sua própria infalibilidade por meio da voz do Espírito Santo e se colocam acima dos outros, ou então como eles escondem a frieza e a angústia por trás do sorriso gentil.

Nenhum desses movimentos está livre de reprimir sua sombra. Para mim a meditação tornou-se uma prática importante no caminho espiritual. Mas também conheço pessoas que julgam poder resolver todos os problemas por meio da meditação, e assim se tornarem cada vez mais iluminadas no caminho espiritual. Desse modo não precisam falar sobre os problemas, preferem calar-se.

No silêncio, acreditam elas, todos os problemas se resolvem. Mas nem percebem o quanto são incapazes de encarar os conflitos interpessoais e se entenderem. Essas observações críticas não depõem contra os movimentos espirituais. Todos eles expressam algo essencial do cristianismo. E emanam muita paz. Mas todo movimento também corre o risco de se deixar ofuscar pelo impulso espiritual que esquece o lado demoníaco. Quanto mais, porém, o lado demoníaco é reprimido, tanto mais agressivamente ele se expressará. Então os que pensam diferente, ou os críticos, serão alvo de muitos impropérios. Projetamos sobre os outros o demônio que habita nosso coração, endemoniando-os, acusando-os de serem pouco ortodoxos ou cristãos sem muita convicção.

Toda comunidade tem sua sombra. E é justamente nas comunidades que seria importante perguntar qual a sombra que carregam. Uma comunidade poderia descobrir sua sombra nos temas que são tabu para ela. Sobre o que não se pode falar? Quais os temas que se costumam evitar? Do que a comunidade se queixa? Quais as imagens de inimigos criadas ali? Que outra comunidade costuma desvalorizá-la só para se valorizar? Os defeitos que se apontam nos outros são sempre os próprios defeitos. Outro caminho de descobrir a sombra de uma comunidade seria examinar melhor a própria ideologia da ordem. Quando os ideais são louvados unilateralmente demais, isso sempre indica um lado de sombra reprimido. Quando uma comunidade valoriza muito a mentalidade de sacrifício, então sua sombra se expressa sob a forma de uma agressividade difusa, que acaba impregnando os relacionamentos. Às vezes a mentalidade de sacrifício é mantida por um egoísmo rude, que se expressa por uma gravitação egocêntrica ao redor da pessoa e de suas necessidades. Quando uma comunidade informa ao mundo exterior que quer fazer um claro testemunho de fé para todas as pessoas, então suas dúvidas vão para a sombra e se expressam por meio de uma rejeição às vezes exagerada das pessoas que pensam diferente. Um convento que quer seguir os passos do "pobre Jesus", nem percebe como se coloca de forma arrogante acima de outros que falam com muito mais bom senso da própria espiritualidade.

Toda comunidade varre os temas desagradáveis para baixo do tapete, como por exemplo, aqueles que tratam do modo como cada um lida com a sexualidade, ou como resolve suas crises pessoais. Tudo o que é varrido para baixo do tapete vai para a sombra, para o "grande saco" que uma comunidade arrasta atrás de si (Robert Bly). E a sombra vai paralisar a comunidade e roubar-lhe muita energia. Ela acha que vivencia seus ideais, e nem percebe que é dominada por sua sombra. Por isso considero tão importante conhecer a sombra individual, e também a coletiva, e integrá-las na vida. Os métodos do diálogo interior, da imaginação ativa, da escrita ou da pintura em que são registrados nossos pensamentos e emoções, podem ajudar-nos muito.

Mas – como diz C.G. Jung – a sombra é sempre também um problema moral. Trata-se de amar o inimigo que está dentro de nós. Isso não é nada fácil. C.G. Jung faz a pergunta crítica: ajudar o mendigo, perdoar o ofensor, ou até amar o inimigo em nome de Cristo é sem dúvida uma grande virtude. O que eu fizer para o mais miserável dentre meus irmãos, eu farei para Cristo. Mas se eu descobrir que o mais miserável de todos, o mais pobre dentre todos os mendigos, o mais atrevido dentre todos os ofensores, enfim, o próprio inimigo, está dentro de mim, e que eu mesmo preciso da esmola que dou, de minha bondade, eu mesmo sou o inimigo a ser amado, então como será?" (Jung, vol. 11, p. 367).

É preciso uma decisão moral para amarmos o inimigo dentro de nós, e aceitarmos a nós mesmos como Deus nos criou, inclusive com todas as facetas que não correspondem à imagem ideal que fazemos de nós mesmos. Aliás, assumir a sombra não significa também vivenciá-la. Precisamos conhecê-la e levar em conta algumas de suas vozes. Mas não podemos ao mesmo tempo jogar fora nossos valores. Precisamos sempre ter consciência do que queremos vivenciar e de que valores queremos adotar. Então decidiremos quais partes de nossa sombra podemos integrar e a quais deveremos opor resistência.

Para Jung é sempre possível integrarmos a sombra pessoal. Mas existe também uma sombra coletiva habitada por energias demoníacas, e que devemos manter longe de nós. É preciso muita atenção para reconhecermos nossa sombra, diferenciarmos os diversos espíritos e sabermos o que devemos integrar, para que nossa vida se torne mais completa e colorida; e também o que devemos jogar fora, porque nos impede de viver.

VII. Ser uno, como Jesus com o Pai
(João 17)

*N*o Evangelho de João, Jesus ora: "Eles devem ser unos, como nós, eu em você e você em mim. Assim devem ser completos na unidade, para que o mundo veja que você me elegeu, e amou os meus tanto quanto me amou" (Jo 17, 22s). Normalmente essas palavras referem-se à unidade da Igreja. Certamente esse é um aspecto importante dessas palavras. A unidade da comunidade cristã é para Jesus uma expressão de sua unidade com o Pai. Mas antes de relacionarmos depressa demais essas palavras à comunidade, prefiro vê-las como um caminho para sair de minha fragmentação interna e chegar a minha unidade. Vejo essas palavras de Jesus no Evangelho de João nas bases da filosofia grega da unidade, do *to hen*. E interpreto-as na base da doutrina junguiana da sombra. Para mim essas palavras de Jesus são um caminho concreto para nós cristãos aceitarmos a sombra e superarmos a divisão, na unidade que Cristo nos oferece.

1. Descer às próprias profundezas

Jesus coloca a unidade com o Pai como modelo para nossa experiência de unidade. Devemos ser unos, como ele é uno com o Pai. Jesus abandonou a majestade do céu e desceu à terra, para incluir todas as suas experiências terrenas em sua relação com o Pai. Para nós a primeira condição da experiência da unidade é descermos a nossas profundezas, a nossas raízes terrenas, a nossa escuridão, ao reino das sombras de nossa alma, à qual enviamos tudo o que não queremos aceitar em nós.

Para Agostinho, Jesus é a escada que interliga o céu e a terra em nós. E por essa escada é que deveríamos descer a nossa realidade, à realidade de nosso corpo, nosso inconsciente, nosso cotidiano, nossos sonhos, nossos relacionamentos, nossos fracassos, nossa fragmentação. Jesus deixou os céus e desceu à terra. A temática do subir e descer perpassa todo o Evangelho de João. Só poderemos subir até Deus quando, como Jesus, tivermos antes descido à realidade de nossa vida. Só poderemos vivenciar nossa totalidade interior quando trouxermos todos os abismos de nossa alma para nosso relacionamento com Deus.

2. Cristo em nós

A segunda condição para nossa experiência de unidade é o "estou em você, e você está em mim". O próprio Cristo está em nós. Ele fez sua morada em nós, como diz em seus discursos de despedida (*Jo* 14, 23). Como Ele habita em nós, podemos habitar em nós mesmos. Quando escuto meu interior e procuro o que há dentro de mim, não poderia suportar encontrar apenas a mim mesmo e os problemas de minha vida. Só quando sei que através de minha realidade eu descubro Cristo como minha verdadeira base, posso encarar sem medo o que surge dentro de mim. Quando me confronto constantemente com minhas mágoas, em algum momento vou sentir-me farto. Muitos fecham os olhos diante de suas mágoas e as reprimem. Mas esse também não é o caminho. Outros tentam reelaborar sempre de novo as mágoas da infância. Às vezes isso leva anos. E então eles têm a impressão de que na verdade não foram muito longe. Continuam girando ao redor de si mesmos e de seu passado, e são incapazes de administrar suas vidas. Preciso olhar para tudo o que existe dentro de mim. Só então posso viver sem medo. Mas devo, ao mesmo tempo, relativizar esse medo. É apenas um lado de minha realidade. O outro lado é o mistério maior do que eu, é Cristo na base de minha alma. Cristo é o elo que mantém unidos os opostos e tudo o que está solto dentro de mim.

3. O amor leva à unidade

A terceira condição para a experiência da unidade expressa-se no pedido de Jesus: "Assim eles deverão ser completos na unidade" (Jo 17, 23). Aqui João usa a palavra "teteleiomenoi", que vem de "telos". *Telos* quer dizer meta, completude, totalidade, perfeição, poder absoluto, dignidade. Nos cultos de mistérios, "telos" é utilizado como "consagração, iniciação nos mistérios, no segredo de Deus". Provavelmente os gregos viam a mais elevada perfeição do ser humano em sua iniciação nos segredos de Deus.

Jesus vê como objetivo do ser humano sua iniciação no segredo do amor divino. Só quando o ser humano é preenchido pelo amor de Deus ele pode alcançar a unidade consigo mesmo e com Deus. Não podemos completar-nos a nós mesmos, nos completarmos. Para João, o amor que Jesus "completou" na cruz é que nos leva para dentro da verdadeira unidade. Só porque Cristo me amou até o fim, até a completude, posso dizer "sim" a mim mesmo, posso ousar amar a mim mesmo, em minha frágil existência. Esse amor completo tornou-se visível justamente na cruz, o símbolo da união de todos os opostos.

Quando olho para Cristo na cruz percebo o que significa dizer que o amor completo de Deus reúne em mim todos os opostos, que céu e terra, luz e trevas, *anima* e *animus*, bem e mal, todos dentro de mim são tocados e envolvidos pelo amor de Cristo. Sem o amor de Deus esses opostos se separariam, então eu não conseguiria reunir a diversidade em mim. O amor de Deus é o laço que amarra tudo o que é separado e tudo o que é oposto dentro de mim, e me possibilita tornar-me uno comigo mesmo e superar minha fragmentação.

João respondeu ao anseio grego pela unidade com o pedido de Jesus aos discípulos. Jesus é aquele que nos guia à unidade com o Pai, e assim nos dá a possibilidade de também nos tornarmos unos com nós mesmos. O ser humano não precisa dar o primeiro passo para poder ser uno consigo mesmo e com Deus. O próprio Deus deu o primeiro passo em seu filho. Em seu filho ele provou seu amor até a completude, para nos guiar de volta a nós mesmos, de volta à unidade por meio do amor, pois estávamos afastados, divididos pelo ódio a nós mesmos. O amor até a completude, "eis telos", leva-nos também até a completude, à totalidade, à unidade com nós mesmos e com Deus. Essa é a alegre mensagem do Evangelho de João, quando diz que Deus descerá até nós, de que ele se curvará até o pó da existência humana e lavará nossos pés, nosso local mais vulnerável, para elevar tudo o que há em nós, inclusive o que há de mais poeirento e sujo, até alcançarmos a unidade com Deus.

Mas essa resposta consoladora do Evangelho de João não nos impede de darmos nós mesmos os passos difíceis da integração da sombra. Confiando em Cristo, que desceu até nós, resta-nos descer a nossas profundezas, a nossa natureza terrena, a nosso materialismo, a nossa ânsia de poder, a nossos instintos e impulsos, a nossas energias demoníacas, ao reino de sombras de nossa alma. Assim como Cristo desceu ao inferno para pegar os mortos pela mão e guiá-los até a luz, nós também precisamos ter a coragem de descer a nosso próprio inferno, em comunhão com Cristo, e pegar pela mão tudo o que é morto e reprimido, preso e excluído, tocá-lo amorosamente e elevá-lo até a luz. Essa é uma tarefa que exige coragem. Preciso abandonar a ilusão de que eu posso evitar minha escuridão por meio da iluminação, de que eu posso anular minhas energias demoníacas por meio do idealismo, de que eu posso ser santo, sem tocar e sem amar o que há de nefasto em mim. Só serei santo no sentido da santidade de Jesus, quando incluir na luz de Cristo tudo o que há em mim. Só na luz de Cristo o que há de nefasto em mim poderá tornar-se são, e eu mesmo poderei tornar-me são e inteiro.

VIII. A resposta da mística da unidade

O pedido de Jesus no Evangelho de João foi sobretudo retomado na mística. A mística grega foi em grande parte uma mística da unidade. Ela tratava da experiência da unidade entre Deus e o ser humano. A maior glória do ser humano consiste no fato de poder ser uno com Deus. Essa unidade com Deus pode ser vivenciada pelo ser humano de diversas maneiras. Pode ser a unidade entre dois amantes. Desde tempos antigos, esta tornou-se uma imagem importante da relação de Deus com o ser humano. O Antigo Testamento já descrevia Deus como o noivo que guia o povo de volta ao lar, como sua noiva, e que se casa com seu povo. Desde Orígenes, inúmeros pais da Igreja já interpretavam o Cântico dos Cânticos, que na verdade descreve o amor entre homem e mulher como dádiva de Deus, como relação da alma com Deus. O ser humano é a noiva, Cristo é o noivo. No abraço do amor ambos se tornam um só.

1. A experiência de ser uno

Outra maneira de vivenciar a unidade com Deus não visa tanto a parceria, mas muito mais as experiências de ser uno, como nos são oferecidas. Todo o mundo provavelmente conhece a experiência de subitamente sentir-se totalmente uno. Uma pessoa está de pé no alto de uma montanha e observa o mundo ao redor. Está totalmente absorvida em olhar ao longe e esquece tudo o que a cerca. Nesse momento ela está totalmente una consigo mesma, com a natureza a sua volta, com Deus. Está também em harmonia com a história de sua vida. A experiência de ser uno também significa sempre estar em harmonia consigo mesmo. Os opostos dentro de mim não têm mais importância. Eles não me dilaceram mais. Eles fazem parte de mim. Posso aceitá-los. Eles não perturbam a unidade em mim, mas me ampliam. Eu respiro livremente. Eu sinto a amplitude interior. Outra pessoa experimenta essa unidade na meditação. De repente os pensamentos cessam completamente. Ela se concentra totalmente na respiração. Sente-se envolvida pela presença de Deus. Ela pode fazer tudo, querer mudar alguma coisa, liberar. Está de acordo consigo mesma.

Uma mulher contou-me uma vez que já quando criança conseguia esquecer-se dela mesma quando pintava. Esse esquecer-se de si mesmo, envolver-se no que se está fazendo naquele instante, é uma importante experiência de unidade. Quando me esqueço de mim mesmo, quando estou livre de todos os pensamentos, quando isso que faço é bom, e for visto também pelas outras pessoas, quando estou completamente envolvido pelo que estou fazendo, então vivencio a unidade comigo mesmo e também com Deus. Em Deus todos os meus opostos se unem e minha fragmentação é superada.

Outro pode vivenciar essa unidade no meio do turbilhão de uma cidade. Ele passa pela zona de pedestres e observa o animado vaivém. De repente ele se sente inteiramente consigo mesmo, totalmente uno com todas aquelas pessoas que o cercam. Talvez ele passe por uma experiência semelhante à de Sidarta, o personagem do livro de Hermann Hesse. Primeiro ele procurou a unidade com Deus no isolamento, na ascese e na meditação. Mas não a encontrou ali. Então ele mergulhou na plenitude da vida e vivenciou todos os seus desejos e necessidades. Mas ali ele descobriu que aquilo também não podia satisfazer seu anseio. Quando já havia desistido de seus esforços, observou o fluxo do rio. De repente sentiu uma unidade profunda de todo o seu ser. Sentiu-se uno consigo mesmo e com sua fragmentação. Sentiu-se uno com todas aquelas "pessoas-crianças" que brincavam com a jangada no rio, e que antigamente desdenhava tanto. A experiência da unidade sempre engloba tudo: Deus, o ser humano, a criação e a própria vida, o próprio corpo, a própria pessoa e as diversas personalidades que cada um traz dentro de si. Então não se vive mais como um "sósia", mas como si mesmo, que reúne todas as personalidades parciais em si.

2. Mestre Eckhart

Um dos mais importantes representantes da mística da unidade é Mestre Eckhart. Ele fala sempre da unidade entre Deus e o ser humano e da unidade de todas as coisas em Deus. "No reino dos céus tudo está em tudo, tudo é um e tudo está em nós" (Eckhart, p. 319). O pressuposto para que o ser humano se torne uno com Deus, é que se liberte de todas as imagens e pensamentos, que no mais puro silêncio "ele se transporte para Deus e se torne uno com ele, uma única substância, um ser e uma natureza, e (com isso) o Filho de Deus" (idem, p. 320). Quando uma imagem permanece no ser humano, ela se coloca entre Deus e esse ser humano e o impede de ser uno. "Se quiseres ser uno com Deus, não deve existir em ti nenhuma ideia nem instrução" (idem, p. 320). "No mais puro silêncio, no mais profundo recinto do silêncio que toda pessoa traz em si, é que nasce Deus. E ali onde Deus nasce no ser humano, este alcança a 'base simples' da realidade" (idem, p. 179).

Mestre Eckhart usa a palavra bíblica para simplicidade no sentido positivo. O verdadeiro "ser" Deus, do qual o ser humano participa por meio do nascimento de Deus em seu coração, é um só e simples. O ser humano não consegue, a partir de si mesmo, alcançar a base simples de todo ser, ele o consegue somente quando Deus nasce dentro dele. "Ninguém toca a base da alma a não ser Deus. A criatura não consegue chegar à base da alma, ela precisa permanecer fora, no meio das forças" (idem, p. 417).

Enquanto houver uma imagem ou uma criatura na alma humana, não pode ocorrer uma verdadeira união entre Deus e a alma. "Numa união verdadeira como essa (porém) reside toda a sua bem-aventurança" (idem, p. 418). "Só na base da alma é que Deus pode "nos tocar com seu ser simples, sem intermediação de quaisquer imagens" (idem, p. 419). Na unidade com Deus reside toda a bem-aventurança do ser humano. Só podemos alcançar essa unidade quando nos libertamos de todas as imagens e mergulhamos no mais puro silêncio, que já está na base de nossa alma. No mais profundo da alma "a base de Deus é minha base, e minha base é a base de Deus. Ali eu vivo a partir do que me é próprio, como Deus vive do que lhe é próprio" (idem, p. 180).

Nessa base eu sou totalmente eu mesmo. Não sou mais dominado pelo que vem de fora. Não sou mais puxado de um lado a outro. Faço parte da "natureza simples" de Deus. Sim, Eckhart fala do "uno simples", que se forma quando Deus concebe seu filho em minha alma. E ele fala da fonte mais profunda, na qual Deus me concebe como seu filho. "Na fonte mais profunda eu jorro no Espírito Santo; ali há uma vida, um ser e uma obra. Tudo o que Deus faz é uno; por isso ele me concebe como seu filho, sem nenhuma diferença" (idem, p. 185). Nessas palavras culmina a mística da unidade, tal como foi desenvolvida em sua máxima expressão por Mestre Eckhart.

Quando retornamos a nossa própria experiência, partindo de Mestre Eckhart, provavelmente cada um de nós, em nossa vida, já vivenciou a unidade e o ser uno. Não podemos descrever essas experiências da unidade, porque tudo, numa experiência desse tipo, acaba se fundindo. Não existe mais um observador que possa observar alguma coisa, mas o vivenciador e a vivência tornam-se um só. O que olha e o que é olhado, o tempo e a eternidade, o corpo e a alma, Deus e o ser humano, são todos um só. Essas experiências da unidade não precisam necessariamente surgir sob uma roupagem de devoção. Elas acontecem frequentemente também fora da Igreja.

A fusão sexual entre homem e mulher pode constituir-se numa experiência desse tipo, ou o prazer de saborear uma boa refeição, de degustar um vinho precioso, de dançar, de brincar, de caminhar em silêncio, de se deitar numa relva, na qual o gorjear dos passarinhos e o aroma da grama fresca e das flores da primavera nos envolvem por inteiro. Em momentos como esse tudo é uno. Então tudo fica claro para nós. Sentimo-nos gratos por nossa vida. Sentimos que tudo é bom, que somos totalmente amados por Deus, que nossa vida é valiosa e significativa, que vale a pena viver.

3. A mística da unidade no cotidiano

Não conseguimos, porém, manter essas experiências. Alguns instantes depois dessas vivências da unidade tudo se desmancha novamente. Então sentimos de novo nossa fragmentação. De repente o barulho de um avião, ou o mosquito que nos pica nos incomodam. Lembramo-nos dos conflitos em nossa casa. E logo a maravilhosa experiência desaparece. Mas esse é nosso destino, o de pendermos entre a unidade e a fragmentação, entre ser uno e ser puxado de um lado a outro nos conflitos de nossa vida. Precisamos aguentar essa tensão. Aquele que quer sempre vivenciar a unidade, faz de sua vida uma confusão, nem percebe que se coloca numa camisa de força. Provavelmente ele não consegue aguentar a tensão de sua vida. Também não consegue suportar a tensão de sua própria alma. Para essas pessoas tudo precisa ser sempre maravilhoso, tudo precisa ser uma profunda experiência espiritual. Elas acham que podem fazer tudo a partir de seu centro. Nem percebem que não deixam mais nada chegar até elas, assim como não se deixam mais tocar pela fragmentação de seu semelhante.

Não temos apenas facetas devotas dentro de nós, temos também lados sem Deus. Não integramos tudo em nós. Às vezes o ciúme nos ataca, às vezes somos dominados pela raiva, algumas vezes sobe em nós uma ânsia sexual, que não pode ser imediatamente transformada espiritualmente. Aguentar isso faz parte de nosso ser humano. Só quando tomarmos consciência das diferenças em nós e em nossa vida e as aceitarmos, poderemos de vez em quando experimentar a unidade verdadeira. E a partir dessas vivências da unidade poderemos também dizer sim para o que nos fragmenta.

A experiência da unidade não é uma fuga de nossa fragmentação, mas ela nos é presenteada de vez em quando, justamente quando nos voltamos para todos os polos de nosso ser, quando nos reconciliamos também com nosso lado de sombra, quando aceitamos nossa fragmentação. Mas hoje também existe o perigo de alguns já se sentirem místicos, querendo passar por cima do humilde caminho do confronto com a sombra. Quando anunciamos entusiasmados a experiência da unidade como um caminho para a cura, devemos sempre nos perguntar se não pretendemos com isso evitar o caminho de nossas facetas obscuras.

John Babbs fala de um "Fundamentalismo da Nova Era", hoje amplamente disseminado. Então o próprio caminho para a unidade é muitas vezes anunciado como o único caminho correto, e a pessoa se coloca acima de todos os não iluminados, que ainda trilham o velho caminho do cristianismo eclesiástico. Ela nem nota que por trás das suaves palavras da maravilhosa unidade se escondem argumentos moralizantes e insistentes. "As pessoas escondem seus argumentos, na verdade moralizantes, por trás das paredes de névoa das doutrinas da Nova Era, por trás das palavras 'nós amamos todos' e 'somos todos um só' (Schatten, p. 149)".

A mania por essas experiências "maravilhosas" é apenas uma fuga da realidade concreta de nossa vida. A experiência da unidade, tal como enunciada por Mestre Eckhart, pressupõe o sincero autoconhecimento e o humilde confronto com a sombra. E ele nos leva ao cotidiano. Quando nossa experiência da unidade é autêntica, isso se mostra justamente no modo como administramos nosso cotidiano concreto, como trabalhamos e lidamos com nossos conflitos interpessoais. Só quando em sua mística a pessoa também aceitar seus lados banais e não devotos, ela é capaz de ter uma experiência de unidade que inclua todos os seus lados: luz e sombra, elevação e profundidade, humano e desumano, bem e mal, céu e terra, limpeza e sujeira, forças e fraquezas, espiritualidade e ateísmo.

IX. Unidade na comunidade
(Efésios 4, 1-6)

Paulo exorta seus congregados sempre à unidade. A unidade da Igreja é para ele um sinal de que Deus agiu sobre nós, em Jesus Cristo. Na unidade da Igreja a confusão de línguas da Babilônia é eliminada. A história da construção da Torre de Babel (Gn 1, 1-9) mostra que existe no ser humano, na reunião das pessoas, um anseio pela unidade. Mas ao mesmo tempo ela nos mostra que a humanidade usou mal sua unidade, ao sentir-se mais forte do que Deus e elevar-se acima dos outros. Ela queria que a ponta da torre alcançasse os céus, para obter poder sobre Deus. Deus quis impedir isso, na medida em que confundiu as linguagens, "para que ninguém mais entendesse a língua um do outro" (Gn 11, 7).

A confusão de linguagens destrói a comunidade humana. As pessoas que não conseguem mais se entender cessam de construir uma obra conjunta. Uma das maiores angústias dos seres humanos hoje é o fato de não falarem mais a mesma língua. Os políticos falam ao léu. Os partidos desenvolvem suas línguas próprias, que com as mesmas palavras falam coisas bem diversas da linguagem do partido de oposição. As pessoas de uma mesma comunidade perderam a língua que tinham em comum. Muitos congregados sofrem com a ausência de fala, com a incapacidade de se comunicarem. Isso também leva à destruição da obra comum. Apenas algumas pessoas ainda fazem alguma coisa, isoladamente, mas não há mais forças no fazer delas. Não se produz mais nada daquilo que poderia ser produzido com o tempo.

A confusão babilônica da linguagem mostra-se hoje de diversas formas. Uma língua que utiliza abusivamente as palavras é falada sobretudo com intenções ideológicas. Em comunidades eclesiásticas muitas vezes também se fala de uma forma de unidade que contradiz o espírito de Jesus. Quando uma irmã contradiz essa ideia, acusam-na de estar abandonando o espírito da unidade. Quando uma superior responde a alguém que a censura, dizendo que ela estaria se colocando contra a missão da unidade, então isso se constitui em pura ideologia e não tem mais nada a ver com o espírito de Jesus. Um homem diz a sua mulher que ela não deve perturbar a unidade. Ele se refere à palavra da Bíblia, que diz que homem e mulher devem ser uma só carne. Mas nem percebe que com sua exortação à unidade ele apenas pretende impor sua própria vontade à mulher.

Assim, infelizmente, em alguns círculos fala-se apenas da unidade num sentido totalitário. Então todos têm de ter sempre a mesma opinião. Não se pode retrucar nem brigar. Paulo entende a unidade da Igreja de maneira muito diferente da dos ideólogos, que aliás utilizam as palavras dele, mas as deturpam tanto que não resta mais nada de seu sentido original. Para ele a unidade não pode ser forçada autoritariamente. Ela é muito mais um presente do Espírito Santo. Ela ainda precisa, no entanto, dos passos das pessoas, para que a unidade presenteada pelo espírito torne-se perceptível, para que nosso desejo de unidade na comunidade seja realizado.

1. Quatro posturas

Paulo fala da unidade do espírito, que os cristãos devem preservar (veja Efésios 4, 1-6). A unidade da Igreja foi produzida pelo espírito. Mas os cristãos devem esforçar-se em preservar essa unidade produzida pelo espírito, por meio de seu comportamento e de sua postura. Recomendam-se quatro posturas, para que a unidade seja possível. Uma delas é a humildade (*tapeinophrosyne*). É a coragem de encarar a própria verdade. E essa coragem sempre nos torna sensatos. Ela nos previne de projetar sobre os outros nossos erros reprimidos e abafados. Aquele que penetra em sua própria verdade evita o perigo da divisão, que pode ser observado em tantos devotos. Aquele que separa e reprime seus lados ateus e amorais, vai projetá-los depois nos outros e assim produzir a divisão na comunidade. Ou então vai promover a unidade de forma autoritária. Mas essa unidade será obtida ao preço de uma sombra manifesta. Então, sob a superfície da unidade, crescerão a intolerância, a agressividade, a rigidez, a presunção e a desconfiança.

A segunda postura é a indulgência (*praytes*). É um comportamento gentil, que exclui todo tipo de severidade. A palavra alemã para indulgência (*Milde*) vem de moer (*mahlen*). Aquele que foi moído pelo moinho da vida não julgará mais os outros com severidade. Ele sabe que tudo aquilo que vê no outro também ocorre com ele.

A terceira postura é a generosidade (*makrothymia*). É o grande e amplo coração, aberto para os mais diversos caracteres. Aquele que tem sentimentos tão grandiosos e amplos não exclui ninguém da comunidade, sempre deixa espaço para todos. Em seu coração todos podem encontrar um lar.

E a quarta postura consiste na tolerância entre os cristãos, com amor. Eles devem tolerar-se uns aos outros, com amor, e aceitar-se uns aos outros. Não devem julgar os outros pelos próprios parâmetros, mas deixá-los ser como eles são. O outro pode ser muito diferente de mim. Ninguém é obrigado a vestir a camisa de força da unidade.

Existirá muito mais unidade quando cada um puder ser o que ele é, porque no amor cada um encontrará espaço para desenvolver sua identidade única. Para Heinrich Schlier essa postura representa "libertar as condições humanas de um moralismo destruidor" (Schlier, p. 184). Então a unidade não é promovida, mas possibilitada.

2. Problemas de relacionamento

Em suas exortações à unidade, a Carta aos Efésios visa a unidade da Igreja. A Igreja faria muito bem se seguisse aquelas palavras, para ser um raio de esperança no meio de um mundo tão conturbado, e assim possibilitar a unidade no meio de tanta diversidade. Mas não quero recomendar essas palavras apenas para a comunhão eclesiástica, mas também como um caminho para se entender como hoje se pode alcançar a comunhão humana na política, na comunidade, na família, na amizade. Para todos os lados que se olhe, vê-se apenas a ruptura das comunidades humanas.

Os casamentos rompem-se depois de alguns poucos anos de duração, porque não se tem mais o que dizer, porque não se fala mais a mesma língua e porque já se perdeu a base comum. As paróquias dividem-se em progressistas e conservadoras, em adeptos e rivais do padre, congregações conventuais se desintegram, porque não têm mais uma base comum, porque desaprenderam a conversar uns com os outros e a buscar Deus em conjunto. Os amigos tornam-se estranhos. Por muito tempo eles se entenderam bem. Eram um só coração e uma só alma. Mas de repente eles não se entendem mais. O amor que os mantinha juntos, como um forte laço, se desfez. Quando se encontram eles só sentem o vazio. Ou sentem-se tão magoados, que mesmo ainda se amando, não são mais capazes de se relacionar adequadamente.

Tenho a impressão de que nos últimos anos a temática dos problemas de relacionamento chega cada vez mais ao ponto central. Nas conversas de acompanhamento fala-se cada vez mais da resolução dos problemas ligados aos relacionamentos humanos. Provavelmente hoje tornou-se mais difícil para as pessoas viverem um relacionamento bom e durável. Como uma amizade, um casamento, uma comunidade humana podem dar certo? Como posso lidar com as mágoas das pessoas? Como posso lidar com a confusão ou com a ausência de linguagem? Como posso lidar com as elevadas expectativas que me são impostas? Não posso tratar em minúcias, neste pequeno livro, essas questões tão abrangentes. Quero somente mostrar alguns obstáculos que atrapalham um bom relacionamento, e dar algumas ideias de como esses obstáculos podem ser superados.

3. A parceria como um caminho conjunto de aprendizado

Assim como na comunidade conventual, também no casamento as ideologias são o principal obstáculo no caminho ao entendimento mútuo. Um homem recorre à Bíblia para dizer que é dono da mulher. Mas percebe-se logo que com essa referência à Bíblia ele constrói um muro em volta de si mesmo, para não se deixar influenciar pela mulher, o que pode deixá-lo inseguro. Com isso ele assume o papel do infalível e inatingível. Mas assim evita todo tipo de conversa. As pessoas se escondem por trás de trincheiras, em vez de se comunicarem umas com as outras. Ou então uma mulher exige que em seu casamento tudo seja feito em conjunto, que ambos os cônjuges sempre pensem a mesma coisa. Não deixa para o marido o espaço de que ele precisa tanto.

Ela recorre à Bíblia, sem ouvir com atenção o que o marido conta sobre si mesmo e sobre quais são realmente suas necessidades.

A ideologia nos torna cegos ao outro, ela surge sempre em função do medo de que o outro se aproxime demais de nós. O pior de tudo é que podemos sempre utilizar as referências bíblicas ideologicamente. Certamente esse não é o sentido da Bíblia, que justamente pretende mostrar-nos os caminhos para se chegar aos bons relacionamentos entre as pessoas.

As recomendações ideológicas pelo ser uno no casamento mostram-se hoje sobretudo nas ideias românticas que temos sobre o casamento. Hans Jellouschek descreveu essas ideias neorromânticas como principal obstáculo para o sucesso de um casamento. Por exemplo, a ideia romântica de que o casamento deve trazer a "realização de todos os anseios e as expectativas de felicidade conjunta do casal" (Jellouschek, p. 176), de que o amor sempre deve ser uma experiência passional intensa. Contrariamente a essa concepção, de que o casamento deve ser "uma instituição de promoção mútua da felicidade", ele entende o casamento como um caminho comum de experiências, no qual os dois parceiros estão sempre se incentivando mutuamente. Outra ideia romântica coloca no mesmo nível o amor e a fusão. Queremos sempre sentir a unidade. Mas à experiência da unidade pertence também o ser separado.

Em nossa época de individualismo todo o mundo quer ser autônomo, e fazer somente o que gosta. Mas isso é muito unilateral. Nesse caso também Jellouschek aponta para o contrário. Precisamos aguentar a tensão entre nossa própria autonomia e o dever em relação ao parceiro. "O modelo de autonomia precisa, como contrapeso, do modelo da dedicação, do modelo da atenção de um pelo outro" (idem, p. 188). As ideias neorromânticas ignoram a realidade da luta árdua por um bom relacionamento. Ficamos decepcionados ao ver que o relacionamento não nos oferece o que a mídia promete. Como as expectativas são muito grandes, não trilhamos o caminho humilde do relacionamento diário, que só se torna possível ao longo do tempo por meio da aproximação e do distanciamento, da briga e da reconciliação, do amor e da agressão. Como esperamos sempre pelo grande amor, ficamos decepcionados com os pequenos sinais de amor demonstrados diariamente pela outra pessoa. Como supostamente o amor deveria sempre nos trazer algo, não estamos dispostos a trilhar o árduo caminho da experiência, no qual nos aproximamos do outro e passamos a entendê-lo cada vez mais. Como queremos o parceiro ideal, não conseguimos aceitar o parceiro real, com todos os seus erros e fraquezas.

Aquele que evita o caminho humilde do encontro consigo mesmo, sempre cairá na armadilha de projetar sua própria sombra no parceiro. Os lados inconscientes da sombra, a própria sombra e a sombra do outro misturam-se frequentemente e provocam irritações. Quando tentamos ser um só, juntos, mesmo com boa vontade e ideais elevados, enredamo-nos nos fios das forças inconscientes que embaralham tudo. Precisamos levar em conta o fato de que a sombra costuma infiltrar-se em nossos relacionamentos e tornar-se um novelo impenetrável, opaco, de projeções mútuas. Às vezes, quando percebo que alguns sentimentos ambivalentes costumam misturar-se a minha fascinação por alguma característica de um amigo ou amiga, sei que há uma projeção em jogo. Essa fascinação modifica-se rapidamente. De repente vejo a segurança do outro como obstinação, e sua afetuosidade como falta de clareza, sua capacidade de empatia como intromissão em meus assuntos.

Muitas vezes num relacionamento o consciente e o inconsciente se misturam. Então meus sentimentos confundem-se com os do outro. Segundo Maggie Scarf, o principal problema de muitos conflitos conjugais é que "nem sempre se distingue com precisão o que ocorre na própria mente e o que ocorre na mente do outro" (Schatten, p. 71). Por isso, é uma tarefa importante antes de tudo distinguir, "quais são meus sentimentos, desejos, pensamentos etc., e quais são os do parceiro" (idem, p. 71).

Mesmo quando consigo determinar qual é o meu problema e qual é o problema do outro, preciso levar em conta que por baixo do limiar da consciência estamos enredados, que cada um incorpora no outro as facetas que não quer aceitar em si mesmo. Muitas vezes a pessoa vivencia o desejo inconsciente do outro. O conflito no qual os parceiros se envolvem frequentemente remete a um conflito intrapsíquico. Um dos parceiros acredita que o outro busca a proximidade, este acredita que o primeiro precisa de mais espaço, e assim é que surgem tantos conflitos.

Na realidade, em cada um deles existe o desejo tanto de proximidade quanto de distanciamento. Mas muitas vezes o homem reprime seu desejo de proximidade e empurra-o para a mulher. A tarefa seria atribuir a si mesmo os desejos inconscientes que projetamos no outro. Só assim pode cessar o mecanismo da projeção de meus sentimentos divididos sobre o outro, e a exigência inconsciente de que ele se comporte exatamente de acordo com minha expectativa, na projeção.

Existem pessoas que não demonstram nenhuma agressividade. Mas suas agressões reprimidas vão inevitavelmente produzir um grande aborrecimento no amigo ou no cônjuge. A pessoa que nunca agride acha que está com a razão. Em sua projeção, ele obtém a confirmação de que o outro não consegue se controlar. E frequentemente condena o outro por isso. Nem percebe que tem participação no acesso de fúria do outro, e que até mesmo provocou-o, inconscientemente. Também existem pessoas "que nunca se sentem derrotadas e só conseguem experimentar suas próprias depressões através do outro, representando-se nele (que depois na verdade passa a carregar a tristeza e a angústia de ambos)" (idem, p. 74).

Um relacionamento só pode dar certo quando encaramos esses enredamentos inconscientes e olhamos através deles. Para isso é preciso muita sinceridade. Com apelos morais não se consegue obter nenhum amor e nenhuma unidade. Só quando ambos os cônjuges forem suficientemente humildes para se dobrarem e reconhecerem as próprias facetas de sombra é que se torna possível o estar junto.

Inclusive a comunidade da família, do convento, de uma paróquia etc. só será bem-sucedida a longo prazo quando se conhecerem os conflitos inconscientes, para que se possam interligar todas as projeções, a tessitura complicada de emoções, motivações e necessidades que estão abaixo do limiar do consciente. Provavelmente nunca conseguiremos desfazer esse enredamento por completo. Mas quando o conhecemos, evitamos dividir precipitadamente a comunidade em bons e maus, em trabalhadores esforçados e preguiçosos, em saudáveis e enfermos, em honestos e desonestos. Muitas vezes precisamos de bodes expiatórios para não sermos obrigados a tomar consciência de nossa própria sombra. Ou então precisamos de enfermos, para sair do caminho da própria enfermidade. Precisamos daqueles que não se atêm às regras para compensar nossa tendência inconsciente de ser exatamente como aqueles que criticamos tanto.

É um árduo caminho tomar consciência de nossos lados de sombra reprimidos e reconhecer a fusão de tudo no inconsciente. Ao conhecermos tudo isso caminharemos com bom senso na direção da construção de uma comunidade humana constantemente contestada, e que nunca descansará sobre seus louros. Pois ela sabe que a paz, alcançada momentaneamente, já vem acompanhada de brigas e conflitos situados sob o limiar da consciência, e que o estado consciente poderá sempre ser sacudido e embaralhado a partir do inconsciente. Só quando a comunidade busca e avalia constantemente seus lados de sombra, ela pode tornar-se atenta, humilde, e evitar os aborrecimentos e a resignação.

4. Su-portar-se mutuamente

Uma razão para o fracasso de muitos relacionamentos são as rigorosas exigências que fazemos ao outro. Esperamos que ele consiga lidar consigo mesmo, que seja infalível, que nos entenda, que leia nossos desejos em nossos lábios, que cuide de nós e nos dê um lar e um abrigo. Tudo o que não temos em nós esperamos do outro. Mas com isso nós o sobrecarregamos, e também sobrecarregamos o relacionamento. Só quando olharmos com mais brandura para as fraquezas do outro é que poderemos conviver com ele. E um estar junto só será possível com um grande coração, no qual o outro encontra seu lugar, com toda a sua individualidade. Para que o estar junto aconteça, ele precisa da disposição de suportar o outro com amor. Mas nesse caso também precisamos lidar mansamente com nossos próprios limites. O suportar não deve tornar-se uma sobrecarga. Existem limites para o suportar.

Se eu adoeço com isso, se tudo em mim volta-se contra esse suportar, então preciso levá-lo a sério. Mas existe uma diferença, quando sinto o limite de meu suportar logo no início de uma amizade, ou só depois de 20 ou 30 anos de casamento. Em todo casamento chega um momento em que não posso mais mudar o outro, em que não posso mais esperar compreensão do outro, em que preciso me conformar com o fato de que o outro é como é, e pronto. Então sou desafiado a suportar o outro. Mas essa não deve ser uma atitude passiva e resignada, na qual aceito qualquer coisa. O significado na verdade é que eu passo a "portar" o outro, que eu estou a seu lado, que eu lhe dou suporte porque acredito nele, porque apesar de seus erros e fraquezas eu vejo a boa essência que ele tem e por isso eu o amo.

Ouço frequentemente os casais dizerem que o amor entre eles desapareceu, que eles apenas continuam arrastando a vida um ao lado do outro e não têm mais nada a se dizer. Então eu tento transmitir-lhes que já é muita coisa quando conseguimos lidar adequadamente com o outro e valorizá-lo, mesmo quando momentaneamente não conseguimos aproximar-nos muito dele. Para conseguir isso, preciso aproximar-me de mim mesmo, tranquilizar-me em mim mesmo e tornar-me uno comigo mesmo. Naturalmente existem limites para o suportar. Quando o cônjuge me deixa doente, quando toda a força do amor por ele desaparece em mim, então é um sinal de que naquele momento eu não devo buscar sua proximidade, mas antes o distanciamento.

Para que o "estar junto" no casamento e na família, no convento ou na paróquia possa ser bem-sucedido, ele precisa suportar a tensão saudável entre proximidade e distanciamento, entre estar só e em comunidade, entre amor e agressão, entre brigar e reconciliar-se, entre confrontar-se e suportar-se, entre falar e calar-se, entre ser separado e ser uno.

Muitas vezes vejo como as pessoas hoje não conseguem aguentar os dois polos. Elas preferem a proximidade, o amor, a comunidade. Mas com isso elas se privam da vivência de uma unidade, que permanece mais a longo prazo. Aquele que sempre quer ser uno nunca o será. Aquele que aceita a tensão entre unidade e separação poderá sempre vivenciar momentos de unidade. Mas aquele que quer sentir uma unidade constante com seu parceiro conseguirá cada vez menos vivenciá-la. Quem pretende usufruir constantemente da comunidade logo sofrerá tanto com ela que não a suportará mais.

A vida em comum no casamento e no convento é sempre essas duas coisas: a experiência da mais suprema unidade, que nos dá a mais profunda felicidade, e ao mesmo tempo a experiência do distanciamento, da solidão, de ser incompreendido e da separação. Esse tipo de experiência também faz parte de nosso "estar junto". Ela nos remete àquele único Deus que pode satisfazer nosso mais profundo anseio pela unidade.

Conclusão

Não nos resta nenhum outro caminho, que vai da cisão à totalidade, da fragmentação à unidade, a não ser suportar a tensão em que vivemos. Estamos sempre tensionados entre dois polos, entre luz e escuridão, entre céu e terra, entre fragmentação e unidade, entre espírito e instinto, entre solidão e vida em comum. Só quando dizemos sim a essa tensão básica de nossa vida é que conseguimos superar a divisão interna, que atualmente marca tantas pessoas. Como não aguentam a tensão entre seus polos opostos, elas separam o polo indesejado. Mas essa separação produz o adoecimento. Aquele que reprime coisas demais em sua sombra, será dominado por ela. Não viverá mais de forma independente, mas terá sua vida determinada por seus lados inconscientes de sombra.

Por outro lado, aquele que aguenta a tensão vivencia uma unidade interna, inclusive com suas contradições. Não será mais fragmentado por elas, mas experimenta, com elas, a amplitude e a vitalidade. Aquele que acredita que os dois polos fazem parte dele poderá sentir que a tensão entre esses polos mantém-no vivo. Essa tensão evita que ele julgue e pense unilateralmente. A vitalidade é sempre marcada pelas contradições. Não existe vida sem contradição.

Neste pequeno texto eu quis chamar a atenção dos leitores para a contradição de nossa vida, e mostrar um caminho para a experiência da unidade, como Deus a imaginou para nós. Há um anseio ancestral no ser humano pela unidade absoluta.

Mas só experimentaremos essa unidade absoluta na morte. Aqui na terra só nos resta a unidade que deriva da tensão dos opostos. Aqui oscilaremos constantemente de um lado a outro entre experiências de fragmentação e unidade, de cisão e completude. Só quando Deus penetrou em tudo que há em nós, só quando mergulharmos em Deus na morte, seremos unos para sempre, completos, curados, unos com Deus e em Deus, unos também com tudo o que existe.

Bibliografia

C.G. Jung, *Gesammelte Werke*, vol. 8, Zurique, 1967.

Idem, Erinnerungen, Träume, Gedanken, Olten, 1971.

Idem, vol. 11, Zurique, 1963.

Idem, vol. 18-II, Olten, 1981.

Idem, vol. 9-II, Olten, 1976.

Die Schattenseite der Seele. Wie man die Dunklen Bereiche der Psyche in die Persönlichkeit integriert, editado por Jeremiah Abrams e Connie Zweig, Munique, 1993. Esse livro é sempre citado como (Schatten).

Evagrius Ponticus, Praktikos. *Über das Gebet*, Münsterschwarzach, 1986.

Gustav Stählin, hamartano, em: *Th W* pp. 295-299.

H. Bacht, Einfalt, em *RAC*, p. 840.

Hans Jellouschek, Männer und Frauen auf dem Weg zu neuen Beziehungsformen, em: *Der Mann im Umbruch*, editado por Peter Michael Pflüger, Olten 1989, pp. 174-189.

Heinrich Schlier, *Der Brief an die Epheser*, Düsseldorf, 1968.

Jolande Jacobi, *Der Weg zur Individuation*, Zurique, 1965.

Meister Eckehart, *Deutsche Predigten und Traktate*, editado e traduzido por Josef Quint, Munique, 1979.

Pascal Bruckner, Ich leide, also bin ich. Die Krankheit der Moderne. *Eine Streitschrift*, Weinheim, 1996.

Romano Guardini, *Der Gegensatz. Versuche zu einer Philosofie des lebendig-Konkreten*, Mainz, 1925.

Thowald Dethlefsen/Rüdiger Dahlke, *Krankheit als Weg*, Munique, 1990.

Ulrich Wilkens, *Der Brief an die Römer*, vol. 2 (Rm 6-11), Zurique, 1980.

Walter Grundmann, *Das Evangelium nach Markus*, Berlim, 1984.

Werner Beierwaltes, Hen, em *RAC*, pp. 445-472.